股票短线波段
高抛低吸
技术与战法解析

刘文杰◎编著

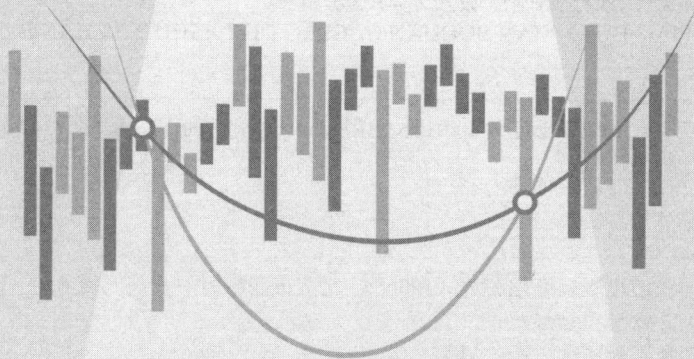

中国铁道出版社有限公司
CHINA RAILWAY PUBLISHING HOUSE CO., LTD.

图书在版编目（CIP）数据

股票短线波段高抛低吸技术与战法解析 / 刘文杰编
著. -- 北京 ：中国铁道出版社有限公司，2024. 12.
ISBN 978-7-113-31822-2

Ⅰ. F830.91

中国国家版本馆 CIP 数据核字第 2024M0Y337 号

书　　名：股票短线波段高抛低吸技术与战法解析
　　　　　GUPIAO DUANXIAN BODUAN GAOPAO DIXI JISHU YU ZHANFA JIEXI
作　　者：刘文杰

责任编辑：杨　旭　　　编辑部电话：（010）51873274　　　电子邮箱：823401342@qq.com
封面设计：宿　萌
责任校对：苗　丹
责任印制：赵星辰

出版发行：中国铁道出版社有限公司（100054，北京市西城区右安门西街 8 号）
网　　址：https://www.tdpress.com
印　　刷：三河市宏盛印务有限公司
版　　次：2024 年 12 月第 1 版　2024 年 12 月第 1 次印刷
开　　本：710 mm×1 000 mm 1/16　印张：11.5　字数：170 千
书　　号：ISBN 978-7-113-31822-2
定　　价：69.00 元

短线投资从字面上理解，通常指的是持股时间较短且资金规模较小的一种投资方式。它代表着一种快速、精准、果断的投资态度。在瞬息万变的股市里，这样优秀的特质能够帮助投资者迅速抓住复杂形势中的盈利机会，执行快进快出的策略，降低长久持仓的被套风险。

对于大部分股市行情来说，短线投资都是非常适用的。在风险较小、盈利机会较多的上涨行情中，短线投资者可通过一些特殊的分析手段抓住高抛低吸点，实现分段操作；在风险偏大，但仍有参与价值的震荡行情甚至下跌行情中，短线投资者也可以先买进随后卖出，抢到一波反弹收益就撤离，实现快速盈利。

至于是何种分析手段，这就需要短线投资者好好筛选了。股市中比较常用的短线波段技术分析既有针对 K 线的，也有针对技术指标的，还有针对一些经典股价运行理论的，每一大类中都包含丰富的理论知识，短线投资者只需挑选其中比较精华的部分学习即可。

为帮助投资者更加系统地了解和学习这些繁杂的短线波段操作技术，本书从 K 线特殊形态、三大经典理论短线操作方法、技术指标短线技术及分时图特殊形态等方面入手，分五章进行讲解，具体内容如下：

第 1 章介绍短期 K 线波段买卖形态，包括一些常见的顶底反转形态及构筑时间较长的筑顶筑底形态，同时还解析了关键突破位的买卖点。

第 2 章介绍如何利用三大经典股市理论来辅助高抛低吸操作，包括箱体理论、波浪理论和缺口理论。

第 3 章介绍波段中的技术指标涨跌情况，以配合 K 线和经典理论使用，包括移动平均线、布林指标和 MACD 指标。

第 4 章介绍分时图中常见的一些波段形态，如分时倒 V 形顶、双重顶、V 形底、双重底等，以及关键交易时段中的特殊量价关系。

第 5 章介绍短线波段高抛低吸技术的综合实战，利用两只涨跌方向不同的股票来展示实际的分析过程。

本书内容由浅入深、循序渐进，在讲解理论知识的同时融入了大量的典型实例，同时基于真实的行情走势细致分析，让读者感受各种应用技法在实际操盘中的具体应用。

最后，希望所有读者通过对书中知识的学习提升自己的炒股技能，收获更多的投资收益。但任何投资都有风险，也希望广大投资者在入市和操作过程中谨慎从事，规避风险。

刘文杰

2024 年 9 月

目 录

第 1 章　短期 K 线波段买卖形态

第 2 章　三大理论辅助高抛低吸

第 3 章　波段中的技术指标涨跌

第 4 章　分时波段形态助力做短线

第 1 章

短期K线波段买卖形态

　　短线投资者由于持股时间较短，对震荡行情的适应性较好，所以面临的风险没有中长线投资者那么大，但也正是如此，短线投资者很难有效扩大获利空间。本章从K线形态的角度出发，帮助短线投资者寻找合适的买卖点。但请注意，书中内容仅从知识的角度进行解析，实战中还需结合多方面信息分析才能得出最终结论。

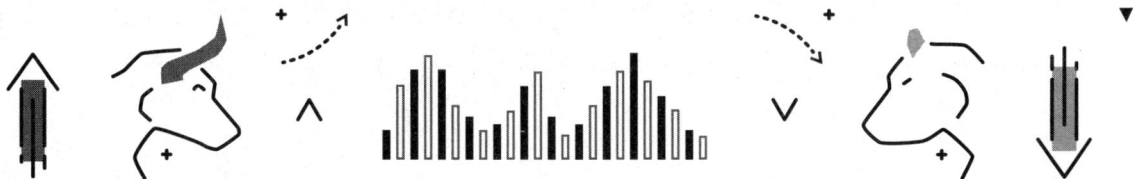

1.1　波段底部的看涨买进形态

波段底部就是股价下跌的低位，这里的低位可以是上涨行情中的回调低位，也可以是熊市中的反弹前夕，还可以是长久下跌行情的末期。在这些位置，只要短线投资者能够借助其中可能出现的特殊看涨 K 线形态及时建仓，就有机会实现抄底。

下面就来看一下波段底部有哪些值得学习的看涨 K 线形态。

1.1.1　早晨之星

早晨之星也称启明星，是一种常见于回调底部或是行情底部的反转形态。它由三根 K 线构成，第一根是依旧下跌的阴线；第二根是实体上端低于前一根阴线实体下端的小 K 线，阴阳不限，十字线最好；第三根是反转回升的阳线，实体下端最好也与前一根小 K 线的实体上端拉开距离，如图 1-1 所示。

技术图示　底部反转的早晨之星

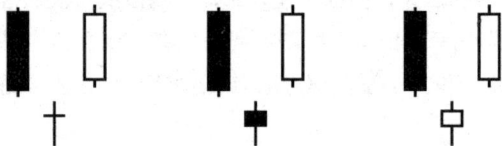

图 1-1　形态示意图

标准的早晨之星需要前后两根 K 线的实体波动幅度都超过 3.6%，且长度相当，实体上端位于相近位置。中间的小 K 线则是开盘价与收盘价相等的十字星线，且十字星线与两根 K 线都形成跳空缺口。

但显然这样的要求比较苛刻，在实战中很难找到绝对标准的形态，更不要说它还需要正好出现在合适的低位。因此，在实战中，只要中间的小 K 线实体能够与前一根阴线错开，且前后两根 K 线符合前阴后阳、实体长度相当的标准，即可视作早晨之星成立。

在遇到早晨之星后，迫切希望抄底的短线投资者可以先行建仓买进，但要注意仓位管理，毕竟股价还未彻底转入上升。待到一段时间后上涨比较稳定了，谨慎型短线投资者再跟进也不迟，这时候已经抄底的短线投资者还可以适当加仓。

但如果遇到信号失真的早晨之星形态，或是后续股价上涨幅度过小的情况，前期早早买进的短线投资者就需要灵活判断场内形势，进而及时在相对高位卖出止损，避免被套在半山腰。

接下来通过真实的案例进行深入学习。

实例分析 中粮科工（301058）早晨之星实战看涨

图 1-2 为中粮科工 2022 年 9 月到 12 月的 K 线图。

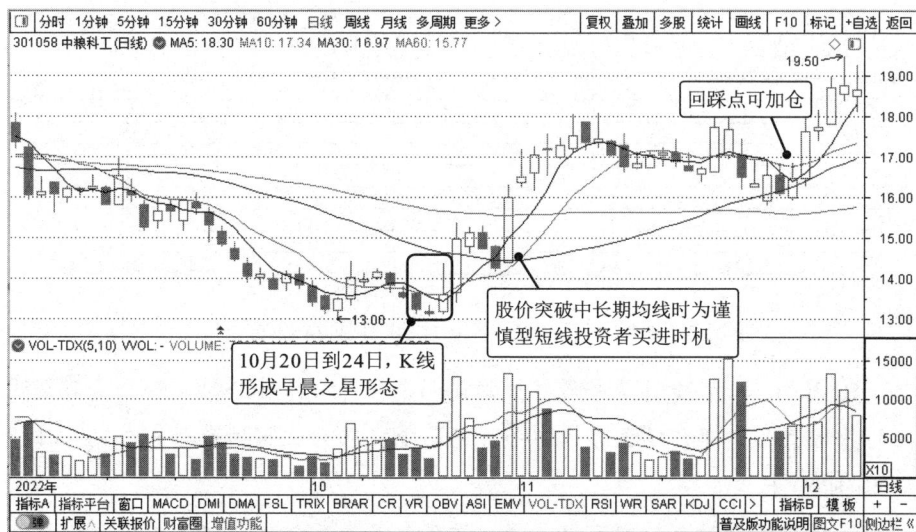

图 1-2　中粮科工 2022 年 9 月到 12 月的 K 线图

在中粮科工的这段走势中，2022 年 9 月，中长期均线大部分时间都压制在 K 线和短期均线上方，K 线也在持续收阴下跌，越到后期跌速越快，说明市场高度看跌，这时候短线投资者是不适合参与的。

10 月初，股价跌到 13.00 元的位置后触底回升，但也只是小幅反弹了数日而已。价格在接触到 14.00 元价位线后不久继续下跌，低点落到了与前期相近的位置止跌。

这时候投资者仔细观察就会发现，股价的这一次止跌有些不同寻常，因为 K 线先是收出一根常规下跌阴线，实体的下端与次日的小阴线实体上端有一定距离。再往后一个交易日，K 线还收出一根带有长上影线的阳线，且阳线实体与第一根阴线实体长度相当，完全符合早晨之星的技术形态要求。

下面进入这三日的分时走势中观察是否有更多看涨信息。

图 1-3 为中粮科工 2022 年 10 月 20 日到 24 日的分时图。

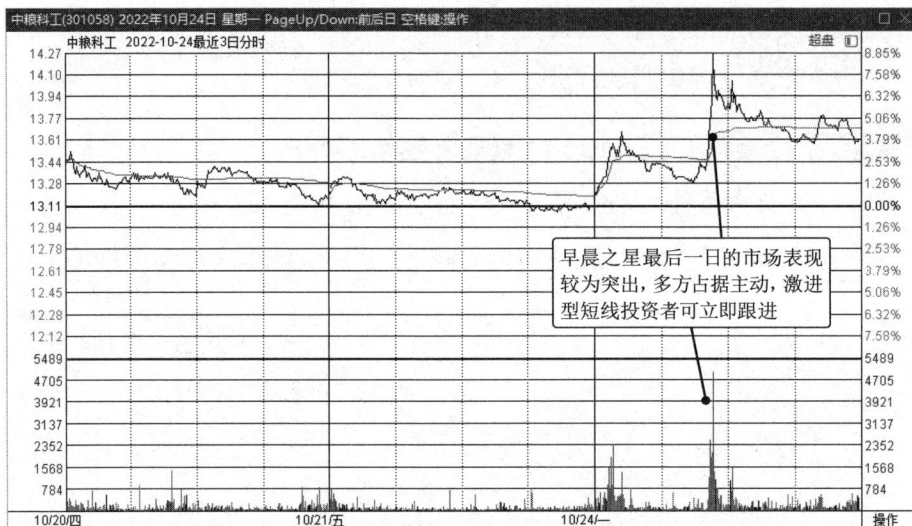

图 1-3　中粮科工 2022 年 10 月 20 日到 24 日的分时图

10 月 20 日和 21 日是早晨之星的前两个交易日，其分时走势并没有太明显的异常情况，那么投资者就要将目光集中在回升收阳的最后一个交易日，即 10 月 24 日。

从当日的分时走势中可以看到，该股在开盘后就被一波集中释放的量能快速推动向上，冲到 13.61 元价位线附近才止涨回调。而后续股价线也没有跌破前期低点，而是在临近早间收盘时再度直线拉升，一路冲到 14.27 元的位置才停住回落。

在此期间，成交量的巨大量能已经充分证明了市场中多方的推涨积极性。而且回到 K 线图中观察，投资者还会发现当日的冲高回落其实是市场对 30 日均线压力的一次试探，未来有可能直接将其突破，部分激进型短线投资者是可以尝试在当日收盘之前抄底跟进的。

回归 K 线图中分析，早晨之星出现的第二个交易日，K 线就在成交量的大幅放量推动下收出一根实体极长的大阳线，一举向上突破 30 日均线，证实了前期投资者的猜测，也让更多投资者借此买进。

此后，股价小幅回调踩在 30 日均线上企稳，并再度上涨收出长阳线突破 60 日均线，意味着短时间内的上涨趋势已经确定，谨慎型短线投资者也可以迅速建仓了。

在后续的走势中，股价一路上涨至 18.00 元价位线附近后回调整理，但低点依旧能在 30 日均线上得到支撑，可见上涨潜力未尽。这时没有卖出的短线投资者可以尝试加仓，已经借高出货的短线投资者则可以重新建仓，抓住下一波短期涨幅。

1.1.2　曙光初现

曙光初现形态由两根 K 线构成，前阴后阳，两根 K 线的实体需要交错咬合，即阴线的收盘价位于阳线实体内部，阳线的收盘价向上深入阴线实体一半以上，如图 1-4 所示。

技术图示　**曙光初现提示上涨出现**

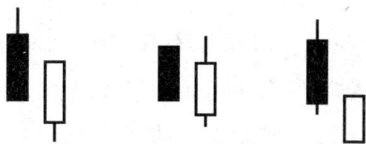

图 1-4　形态示意图

曙光初现形如其名，仿佛一轮太阳出现在乌云之下，现出一点上涨的曙光。如果阳线位于阴线右上端，即阳线开盘价高于阴线开盘价，阳线收盘价深入阴线实体内部一半以上，那么形态就被称作旭日东升，寓意太阳突破到云层之上。

这两种形态的含义和早晨之星一样，即股价即将见底反转。但由于曙光初现和旭日东升形态比较简单，其形成具有一定的偶然性，不一定每一次都能准确预示上涨。因此，短线投资者最好还是等待数日，待到上涨趋势确定之后再跟进，或是根据场内其他信息综合判断，得出结论后再决策，以免信号失真被套。

接下来通过真实的案例进行深入学习。

实例分析 友邦吊顶（002718）曙光初现实战看涨

图 1-5 为友邦吊顶 2024 年 1 月到 5 月的 K 线图。

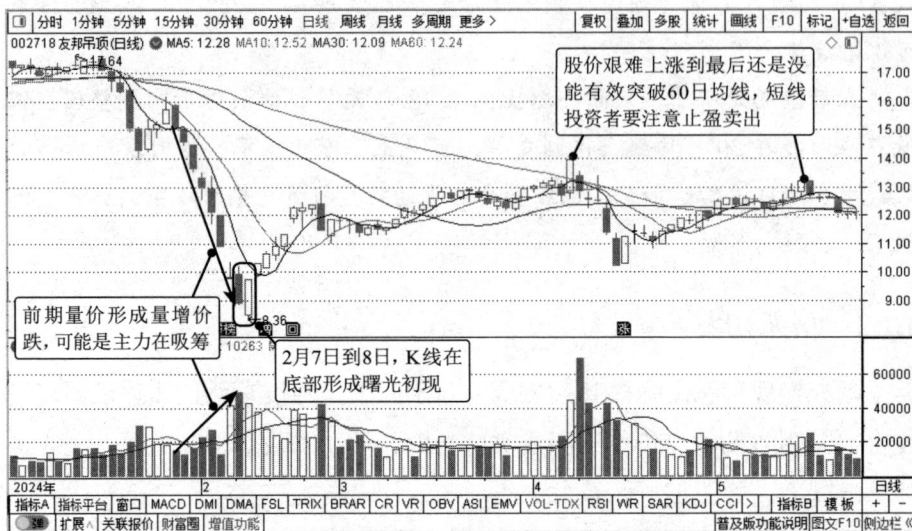

图 1-5　友邦吊顶 2024 年 1 月到 5 月的 K 线图

2024 年 1 月初，友邦吊顶的股价还在 17.00 元价位线上横盘震荡，K 线大部分时间都踩在中长期均线上运行。但在 1 月中旬，随着成交量的逐步放量，股价开始大幅收阴下跌，落到支撑线下方后回抽不过，随后进入一波加速下跌之中。

1 月下旬，股价跌速极快，成交量依旧在放量，说明市场中的空方在主动发力压价。这种情况很有可能是主力在参与吸筹，也就是将价格快速压低的同时逼迫场内被套盘卖出，以便以更低的成本吸纳筹码，降低后市拉升压力。

也就是说，这种压价吸筹的形态是短期看跌但长期看涨的，短线投资者可对该股保持高度关注，看场内是否有转折形态出现。

2 月初，股价在跌到 9.00 元价位线附近后立即反转向上收阳，阳线实体深入前一根阴线实体一半以上，几乎就要突破阴线开盘价，且两根 K 线的实体都比较长，很符合曙光初现的形态要求。

下面再看两日的分时走势是什么情况。

图 1-6 为友邦吊顶 2024 年 2 月 7 日到 8 日的分时图。

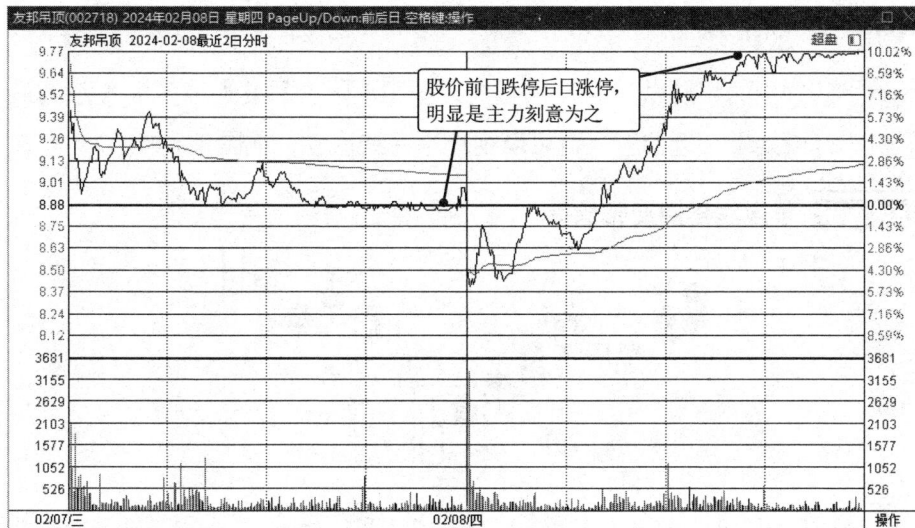

图 1-6 友邦吊顶 2024 年 2 月 7 日到 8 日的分时图

在 2 月 7 日一开盘，友邦吊顶的股价就出现了跳水式的下跌，短短一分钟内跌幅超 7%。后续股价虽然有所反弹，但也只是小幅突破均价线后继续拐头下跌，临近收盘时还落到了跌停板附近，不过最终还是在临近收盘时开板小幅回升。

次日，股价跳空向下开盘，随后在成交量的剧烈放量下迅速上拉。期间股价虽有多次回调，但越到后期涨势越稳定，最终以涨停收盘，不过最高点没能越过前日开盘价。

其实反应快的短线投资者在 2 月 8 日股价积极拉升的同时就能看出 K 线图中曙光初现的雏形，再加上股价前日跌停后日暴涨的走势大概率是主力开启拉升造成的，激进型短线投资者完全可以在当日轻仓抄底。

在后续的走势中，股价接连收阳向上靠近 30 日均线，尽管没能第一波就实现突破，但在 3 月上旬，K 线也成功越过了其压制，缓慢向着 60 日均线进发，这时候谨慎型短线投资者就要迅速跟进了。

可惜的是，此次上涨只是一次强势反弹，股价在艰难上涨一段时间后最终只是小幅突破 60 日均线，随后拐头下跌，后续的第二次上涨也没能越过前期高点。在个股短时间内没有更多投资价值的情况下，短线投资者就有必要及时出货兑利，避开后市下跌。

1.1.3 平 底 线

平底线由两根及以上的K线构成，阴阳不限，只要连续多根K线的最低价相等或处于相近位置，就可以视作平底线成立，如图1-7所示。

技术图示 平底线传递反转信号

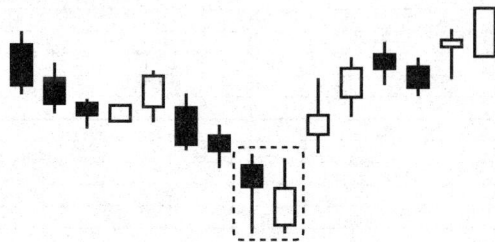

图1-7　形态示意图

平底线是股价多次跌到某一支撑线附近后企稳形成的，在相似位置探底的次数越多，说明下方支撑力越强，股价越有可能在后续形成上涨。当然，这也不是绝对的，有时候股价会在多次探底后跌破支撑线继续下跌，因此，谨慎型短线投资者有必要在稳定上涨到来后再跟进。

除此之外，场内的其他信息也是很重要的，比如上面一个案例中出现过的主力压价吸筹，就能很好地帮助短线投资者提前判断出上涨的可能性，进而在看涨形态出现后第一时间抄底。

此外，分时走势中的股价动向也能传递出很多信息，这些都需要短线投资者结合起来分析，才能更快更准地建仓，从而降低持股成本。

接下来通过真实的案例进行深入学习。

实例分析 深水海纳（300961）平底线实战看涨

图1-8为深水海纳2024年1月到5月的K线图。

先来看深水海纳前期下跌过程中的K线走势，从图1-8中不难看出，股价经历了与上一个案例中极为相似的加速下跌。二者都是在某一时刻突然跌破中长期均线，回抽不过后继续向下，成交量同期放量，形成量增价跌的背离量价形态。

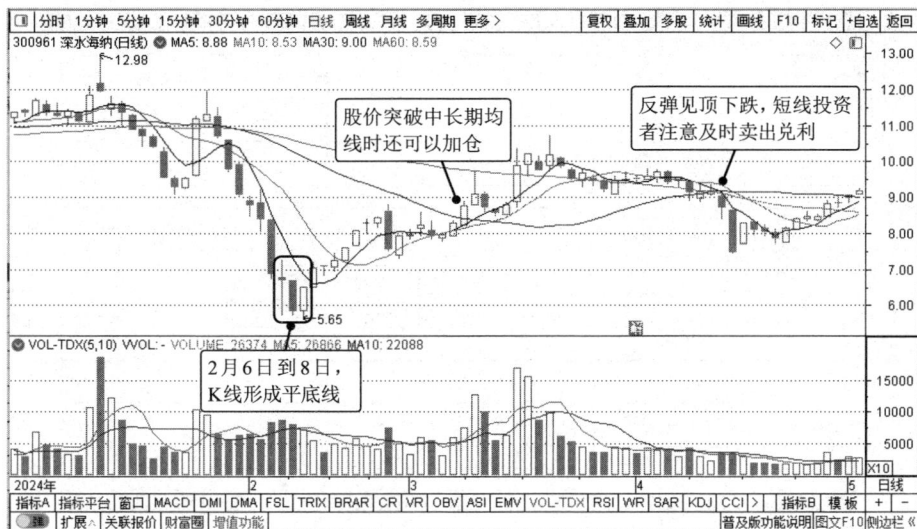

图 1-8　深水海纳 2024 年 1 月到 5 月的 K 线图

　　根据上一个案例的经验来看，这也可能是主力压价吸筹，预备后市拉升的信号，投资者这时要注意寻找低位看涨形态。

　　2 月初，股价跌到 6.00 元价位线下方后收出一根带有长下影线的小阴线。这种实体极小、影线极长的 K 线本就是一种反转形态，但信号强度不大，投资者需要继续观察后面的走势。

　　后面两个交易日，股价都在相似的位置触底，分别收出一阴一阳两根长实体 K 线，整体形态符合平底线的特征，而且 2 月 8 日的股价是上涨的，更能证明反转的形成。

　　下面再通过分时走势进行看涨验证。

　　图 1-9 为深水海纳 2024 年 2 月 6 日到 8 日的分时图。

　　从图 1-9 中可以看到，深水海纳的股价在 2 月 6 日，也就是形成带有长下影线的小阴线当日就出现了明显异动。

　　股价先是在开盘后快速下跌，在 5.83 元价位线上触底后立即拐头向上，下午时段开盘后还形成了积极拉升，但最终冲高回落，收出阴线。这就说明市场已经开始有了向上试盘的意愿，只是没能在当日就实现突破，短线投资者可静观其变。

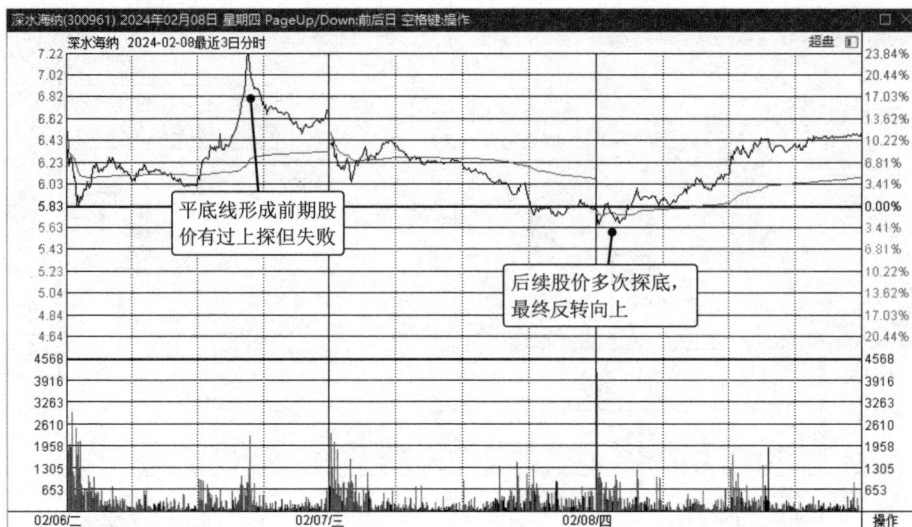

图 1-9　深水海纳 2024 年 2 月 6 日到 8 日的分时图

后面两个交易日的走势就要相对平稳一些，2 月 7 日的股价在震荡下跌，最低价稍低于前日，但位置相近。2 月 8 日，股价开盘后的震荡低点与前两日的低点相差不大，后期则逐步开启稳定上涨走势，最终以较高的价格收出大阳线，构筑出平底线的同时也传递出上涨信号，激进型短线投资此时可以尝试介入。

回到 K 线图中继续观察。该股在此之后确实进入了接连收阳上涨之中，谨慎型短线投资者可在此期间建仓买进。股价后续于 3 月上旬成功突破 30 日均线，加仓时机形成。

然而该股最终没能彻底突破 60 日均线的限制，而是沿着其运行轨迹缓慢下跌一段时间后直接跌破。短线投资者在发现股价突破困难进入滞涨后就应当迅速卖出兑利，而不是等到股价跌破支撑线后再卖出，这样不符合短线投资者快进快出的操盘特性。

1.1.4　低位五连阳

低位五连阳的形态基础是五连阳，也就是连续上涨的五根阳线。当其出现在上涨初期或是反弹前夕时，就是一种积极看涨的买进形态，具体如图 1-10 所示。

技术图示 低位五连阳的买进时机

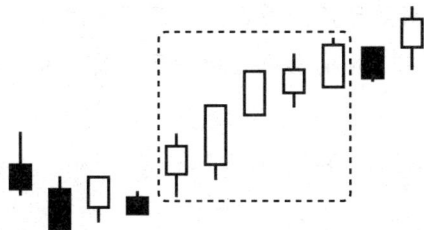

图 1-10　形态示意图

需要注意的是，低位五连阳形态要求五根阳线是整体向上的，而非走平或震荡，且其中不可混杂 T 字线、十字星线、一字涨停这类特殊 K 线，否则将影响形态的有效性。至于阳线的实体长度、影线长度等，形态没有过多的要求。

低位五连阳形成的位置是否符合要求，是短线投资者能否借机获利的关键。当其在股价反转之后立即成型，释放出的看涨信号是最具可靠性的。如果五连阳是在接近压力线的位置出现，或是等到股价震荡上涨一段距离后再形成，看涨信号就会削弱不少，甚至还会转变为短期看涨但长期看跌的反转信号。

因此，对于激进型短线投资者来说，只要位置合适，或者能够通过其他信息确定股价反转，甚至不需要等到低位五连阳全部形成就可以先行吸筹建仓。

而在低位五连阳彻底成形后，不仅谨慎型短线投资者可以跟进，前期已经建仓的投资者也可以继续加仓，扩大后市收益。

接下来通过真实的案例进行深入学习。

实例分析 捷强装备（300875）低位五连阳实战看涨

图 1-11 为捷强装备 2024 年 1 月到 4 月的 K 线图。

2024 年 1 月，捷强装备的股价正处于下跌阶段，由于其跌势稳定，均线组合已经形成了中长期均线在上、短期均线在下的空头排列形态，短线投资者最好不要参与。

2月初，股价跌到最低16.20元的位置后企稳，随后收出一阴一阳两根K线，阳线的实体正好位于阴线右上端，且深入阴线实体一半以上，形成的是前面提到过的旭日东升反转形态。但由于目前的看涨信息太少，短线投资者还不能轻举妄动。

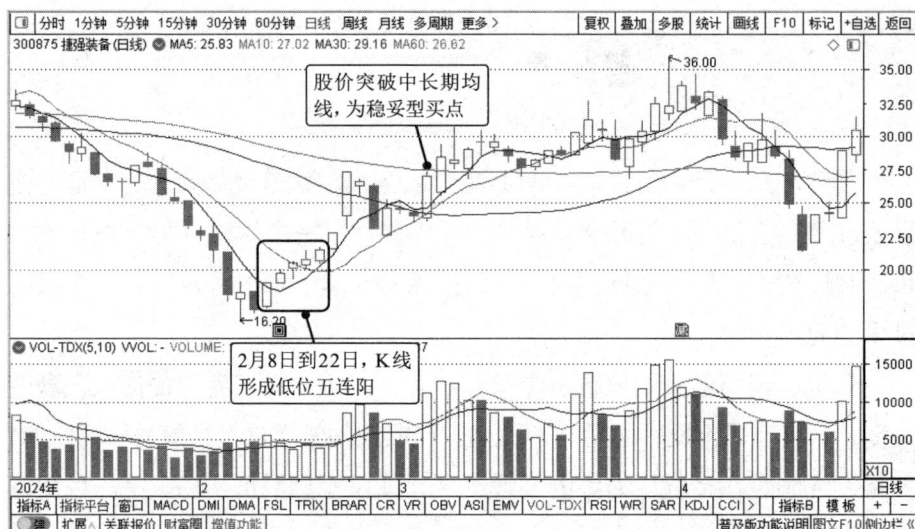

图1-11 捷强装备2024年1月到4月的K线图

继续观察后续的走势可以发现，该股在此之后连续收出多根阳线，且整体趋势明显向上，符合低位五连阳的形态要求，形成位置也比较合适。结合前面的旭日东升形态来看，该股有可能会进入一段强势反弹甚至上涨行情之中，短线投资者可进入分时图中寻找买点。

图1-12为捷强装备2024年2月8日到22日的分时图。

在2月8日，股价的涨速就已经很快了，且开盘后的成交量呈现单根放大状态，可见市场推涨情绪高涨。在后续的四个交易日中，虽然股价涨速日渐减缓，但整体的上升趋势还是稳定的，股价线大部分时候都位于均价线上方运行。

对于短线投资者来说，这已经是非常清晰的买进信号了。再加上K线图中股价正在将两条短期均线扭转向上形成金叉短期的上涨应当可以确定，那么短线投资者就可以介入做多。

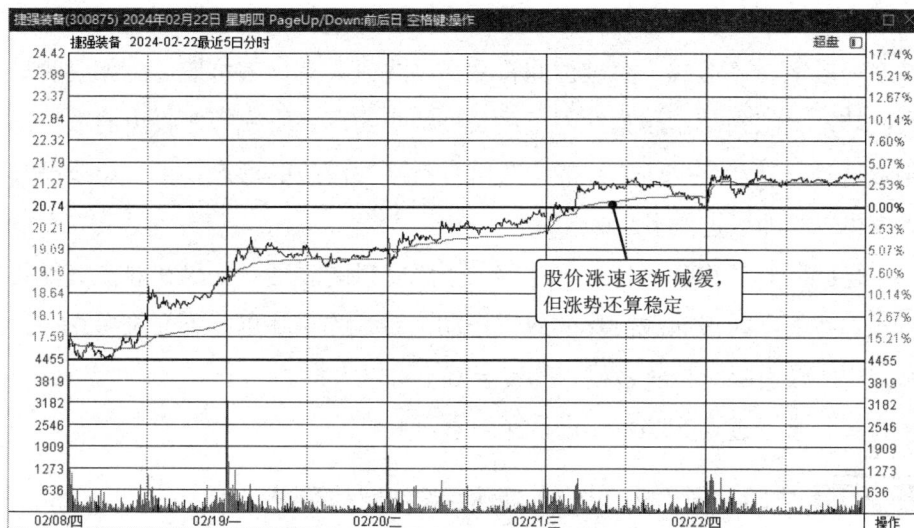

图 1-12　捷强装备 2024 年 2 月 8 日到 22 日的分时图

　　回到 K 线图中可以发现，该股在低位五连阳形成后两日内就成功突破 30 日均线，后续回调踩在 10 日均线上得到支撑继续上升，于 3 月初将 60 日均线也突破了，上涨趋势稳定，短线投资者可尝试加仓。

1.1.5　看涨吞没线

　　看涨吞没线是由多根 K 线构成的，具有突破指示意义的看涨形态。它的研判关键在于最后一根长实体阳线，在某些合适的位置，若它的实体能完全覆盖住前面一日甚至数日的 K 线，就能传递出比较可靠的做多信号，如图 1-13 所示。

技术图示 看涨吞没线的多变形态

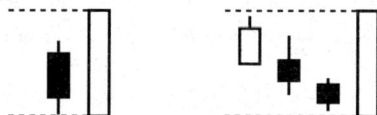

图 1-13　形态示意图

　　需要注意的是，看涨吞没线要求阳线仅仅以实体就能向前覆盖前期 K 线的全部，包括影线，否则形态会有所变形，信号强度也会大打折扣。

阳线实体覆盖的范围越大，包裹住的 K 线越多，信号就越可靠。

一般来说，形成于突破位的看涨吞没线最具有参考价值。比如股价见底反转，上涨到某一压力线附近后长期横盘震荡，K 线突然收出的一根长阳线若是可以在突破压力线的同时符合看涨吞没线的形态要求，短线投资者就可以立即买进做多。

与此同时，投资者也最好观察一下成交量的表现，如果在股价突破关键压力线的同时没有成交量的放量推动，后续的上涨可能不会维持太久，涨幅也比较有限，投资者投入的资金就不可以太多。

接下来通过真实的案例进行深入学习。

实例分析 **中船汉光（300847）看涨吞没线实战买进**

图 1-14 为中船汉光 2022 年 9 月到 12 月的 K 线图。

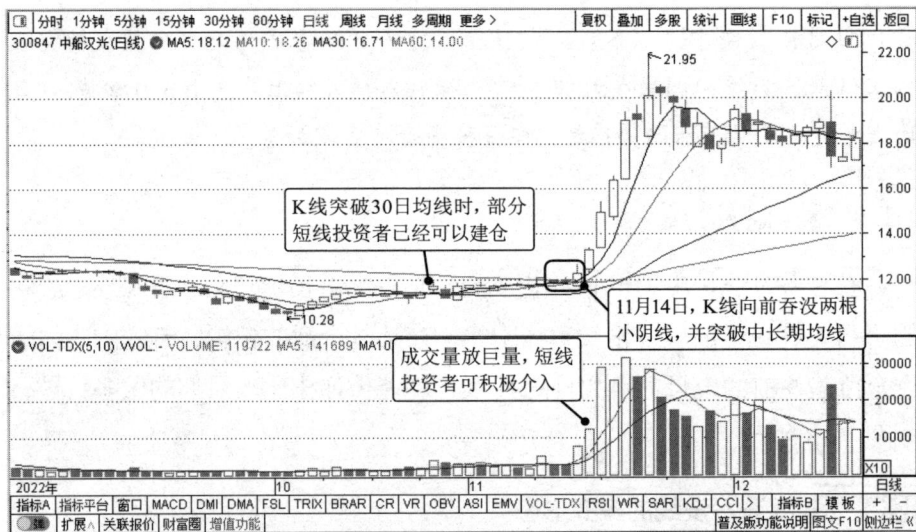

图 1-14 中船汉光 2022 年 9 月到 12 月的 K 线图

在中船汉光的前期走势中，股价长期受中长期均线压制而缓步下行，一直落到 10.28 元的位置才止跌回升。不过数日后股价又在 30 日均线下方受阻横盘，在 10 月底终于将其突破。

这时的股价已经来到 12.00 元价位线附近，在 K 线图中看起来好像涨幅不大，但实际相较于前期的 10.28 元已经上涨了接近 17%，对于短线投资来说已经是比较不错的收益了。再加上股价也有继续向上突破 60 日均线的趋势，短线投资者可以在此建仓。

时间来到 11 月中旬，股价接触到 60 日均线后依旧在横盘，期间收出的基本都是小实体 K 线。11 月 14 日，随着成交量的明显放量，股价迅速上涨并收出一根实体偏长的阳线，实体还向前吞没了两根小阴线，形成看涨吞没线形态。

除此之外，这根阳线成功越过中长期均线和 12.00 元价位线的压制，可能是新一波拉升开启的标志，下面来看当日的分时走势情况。

图 1-15 为中船汉光 2022 年 11 月 10 日到 14 日的分时图。

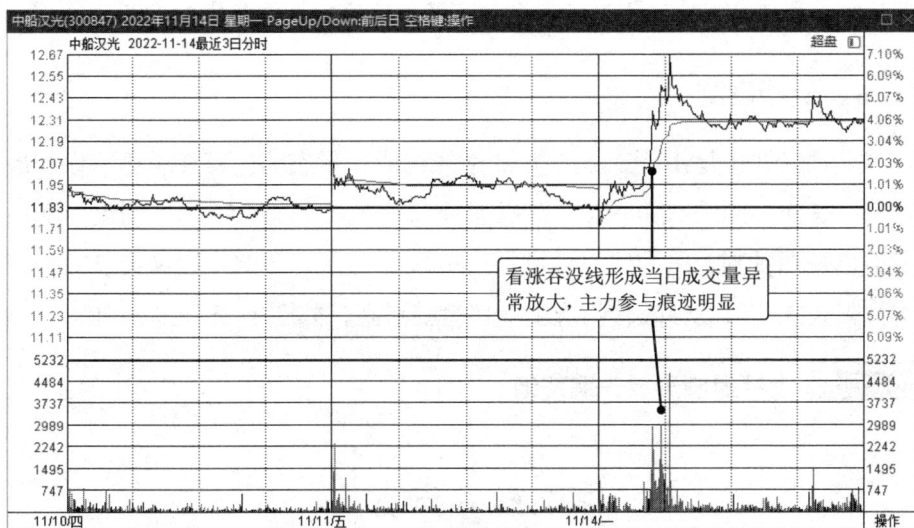

图 1-15　中船汉光 2022 年 11 月 10 日到 14 日的分时图

11 月 10 日和 11 日是看涨吞没线中被吞没的两个交易日，从图 1-15 中可以看到，股价这两日基本都在 12.00 元价位线下方反复震荡，期间多次上探都没能突破成功。

而到了 11 月 14 日，股价跳空向下开盘后不久，就成功在成交量的明显放量支撑下直线上冲，彻底突破 12.00 元价位线的压制。后续价格虽然有小幅回调，但收盘价依旧远高于前两日的最高价，而且成交量的突兀放量也证实了场内有主力的注资，反应快的短线投资者当日就已经跟进。

回到 K 线图中继续观察后续的走势。该股在形成看涨吞没线后就出现了积极的拉升，涨速还越来越快，短短数日后价格就从 12.00 元价位线附近冲到最高 21.95 元，涨幅接近 83%。这对于中长线投资者来说都是不可多得的收益，短线投资者的投资性价比只会更高。

遇到这种意料之外的短期暴涨，短线投资者就要谨记快进快出的原则，抓住低位建仓的时机后高度关注个股走势变化，一旦涨势有减缓甚至转折的迹象就要立即减仓或清仓，保住前期收益。因为这种暴涨结束后，市场中会涌出大量兑利盘，主力也可能趁机大批出货，导致股价拐头暴跌，很容易吞掉短线投资者的收益。

所以，在中船汉光的股价触顶转折之后，短线投资者就可以出局了。如果该股后续还有上涨潜力，投资者再选择合适的时机重新建仓不迟。

1.1.6　上档盘旋

上档盘旋也是由不定数的多根 K 线构成，形态的关键在于第一根和最后一根长实体阳线。第一根阳线负责将价格拉升到某一压力线附近，随后价格将长期受制于压力线而横盘收出多根小 K 线，最终个股又会以一根长实体阳线向上形成突破，构筑出上档盘旋形态，如图 1-16 所示。

技术图示 上档盘旋形成关键突破

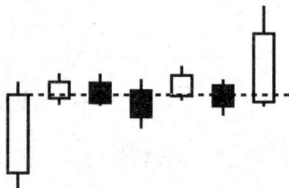

图 1-16　形态示意图

横盘期间个股收出的小 K 线最好保持水平或近似水平，前后两根长阳线实体最好较长且长度相当，这样的上档盘旋才会更加标准。

该形态的构造特性说明它常形成于突破位，与看涨吞没线有异曲同工之妙，短线投资者可在形态成型的同时立即买进，抓住后续涨幅。注意，这里的压力线可以是中长期均线，也可以是某条关键价位线，具体还要根据实际走势来分析。

接下来通过真实的案例进行深入学习。

实例分析 东箭科技（300978）上档盘旋实战看涨

图 1-17 为东箭科技 2023 年 7 月到 11 月的 K 线图。

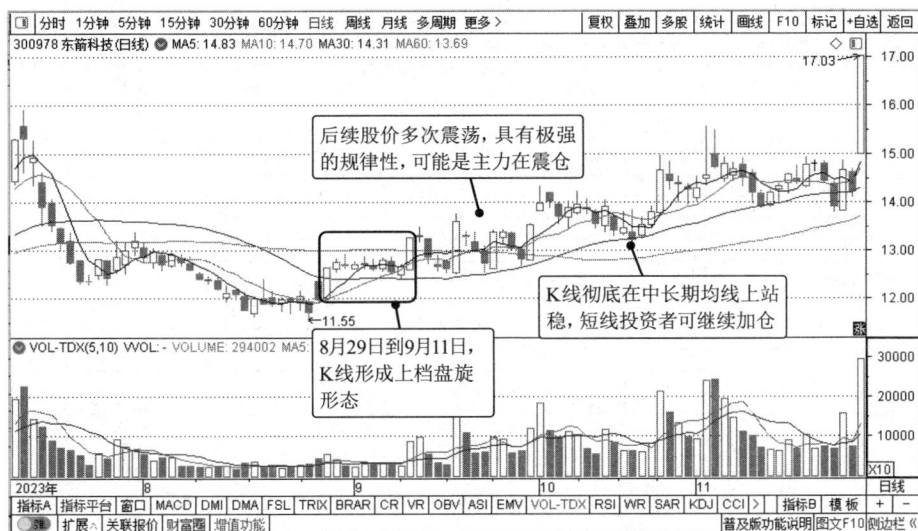

图 1-17 东箭科技 2023 年 7 月到 11 月的 K 线图

从图 1-17 中可以看到，东箭科技的股价在 2023 年 7 月下旬通过一次快速下跌落到中长期均线下方，回抽不过的走势也说明这是一次深度回调或是下跌行情开始的标志，短线投资者要注意止损卖出。

8 月中旬，股价落到 12.00 元价位线附近后止跌企稳，开始沿着这条水平线反复震荡，短期走势不明，投资者需要谨慎观望。

8 月底，股价在 11.55 元的位置触底后迅速拉升，两日后成功收出一根大阳线突破到 30 日均线上方。然而此后股价又受 60 日均线的限制而再次横盘，期间 K 线实体普遍较小，且整体走平。

这时一些对 K 线形态比较敏感的投资者可能已经发现，大阳线和后续水平运行的小 K 线不正是上档盘旋形态的前期表现吗？那么未来该股若是能够再次收阳形成突破，这部分早早发现端倪的投资者就有机会在上涨当日跟进建仓，降低买进成本。

在等待中时间来到 9 月上旬，该股最终在 9 月 11 日收出一根长阳线向上突破了 60 日均线，同时也构筑出一个标准的上档盘旋形态。

下面就来看一下上档盘旋期间场内的分时走势。

图 1-18 为东箭科技 2023 年 8 月 29 日到 9 月 11 日的分时图。

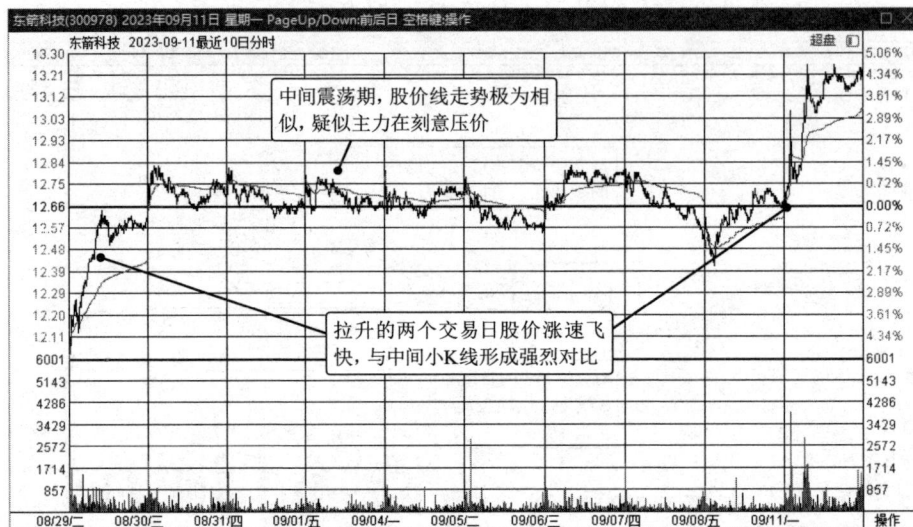

图 1-18　东箭科技 2023 年 8 月 29 日到 9 月 11 日的分时图

图 1-18 为整个上档盘旋期间的分时股价线走势，从分时图中可以看到，前后两根关键大阳线内部股价涨势的迅猛。而除此之外，中间的横盘过程中也包含很多信息。

投资者仔细观察就可以发现，横盘期间前三日的股价线走势非常相似，都是在开盘后不久被成交量推动冲高，但又受到关键压力线的阻碍而回落，以较低的价格收盘。后面几个横盘交易日的分时走势虽然没那么有规律，但高点依旧在相近的位置受阻。

这显然不是巧合，大概率是主力刻意在压价。毕竟上档盘旋从本质上看就是主力震仓而形成的一种整理形态，目的是清理场内不坚定的获利盘，留下坚定看涨盘，以减轻后市拉升压力。

因此，当投资者整合这些信息并得出后市看涨的结论，股价又正好收出长阳线形成突破，就可以迅速借机建仓，静待上涨。

根据 K 线图中后续的走势来看，该股在突破 60 日均线后并没有立即开启拉升，而是踩在 30 日均线上继续震荡，低点逐步上移。期间股价收出的多根极有规律的长阳线，说明主力依旧在震仓，但只要股价不跌破 30 日均线，投资者就可以保持持股。

进入 10 月后，股价终于有了明显上涨，短线投资者的收益也在逐步增加。如果不想一次性持股时间太长，投资者还可以根据股价的规律性回调而分段操作，即多次低吸高抛，降低风险。

1.1.7　底部 K 线组合形态

底部的 K 线组合形态是指一些构筑时间较长，普遍在一个月及以上的筑底形态。这些形态对构筑期间的单根 K 线没有要求，主要看的是整体的走势是否符合预期。

常见的底部 K 线组合形态有 V 形底、头肩底和双重底等，每个形态的具体构造如图 1-19 所示。

技术图示 三大常见底部组合形态

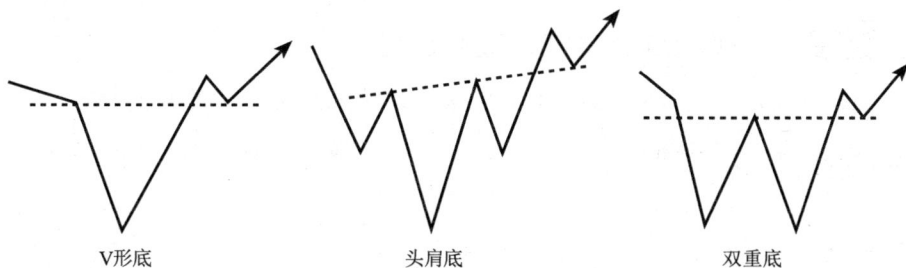

V形底　　　头肩底　　　双重底

图 1-19　形态示意图

从图 1-19 中可以看到，V 形底、头肩底和双重底的名称还是很形象的，每个形态的构筑要求和含义如下：

①V 形底指的是股价运行到行情末期时跌速突然加快，在某一位置触底后又被立即推高，几乎没有在底部停留太久，由此形成一个尖锐的 V 形底。其中，颈线是 V 形底的重要压力线，它是由股价加速探底之前的高点为起点，水平延伸的一条价位线。当股价在探底回升后成功突破颈线，形态就可以视为成立。

②头肩底形态较为复杂，它是股价三次下跌又三次被拉起形成的，包

含明显的左右两肩和突出的头部。三个波谷之间的两个高点就是决定形态能否成立的关键，将这两个高点相连可得到头肩底的颈线。这条颈线不一定水平，可斜向上也可斜向下，只要股价后续突破该压力线且回踩不破，就能够确定形态成立，意味着筑底完成，股价大概率会进入上涨之中。

③双重底也称W底，是由股价两次跌到位置近似的低点后两次回升形成的，整体形态形似字母"W"。其颈线是股价第一次回升的高点延伸而出的水平线，只要股价第二次回升能够彻底突破这条关键压力线，形态就能够成立，进而发出与V形底和头肩底近似的买入信号。

这三个筑底形态除了构造稍有不同，形成位置和传递的信号都是一样的，在行情底部更为常见，但有时候也会出现在回调低位。不过对于短线投资者来说，无论后市股价能否拉出长久的牛市，这种筑底形态都值得参与，但要注意建仓的位置和仓位管理。

接下来就通过三个真实的案例进行深入学习。

实例分析 V形底、头肩底与双重底实战看涨

图1-20为建科院（300675）2022年8月到2023年3月的K线图。

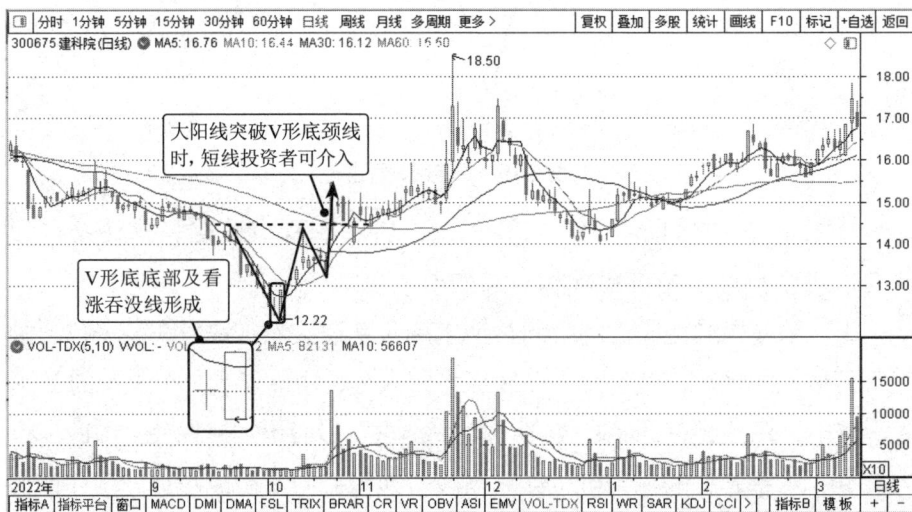

图1-20　建科院2022年8月到2023年3月的K线图

第一只用于展示V形底筑底形态的个股是建科院，在其K线图中可以

看到，该股在 2022 年 10 月之前都处于下跌之中，价格多次反弹都没能突破中长期均线，可见市场高度看跌。

9 月中旬，股价跌到 14.00 元价位线上后短暂横盘，随后继续下行。这一次该股下跌的速度加快了不少，半个月后就跌到 12.22 元。

就在创新低的当日，股价收出一根长实体阳线回升并向前吞没了前日阴线，形成看涨吞没线形态。根据前期理论可知，这是短期看涨的信号，那么该股就有可能在此之后出现反弹，短线投资者可静观其变。

在后续的走势中，该股确实迅速反转向上，配合前期的快速下跌而构筑出 V 形底雏形，颈线就是股价在 14.00 元价位线上横盘整理的高点。这时候其实已经有许多短线投资者参与抢反弹了，但谨慎型投资者最好还是等待颈线被彻底突破后再跟进。

10 月初，股价在上涨至 30 日均线附近后收出一根带有长上影线的小阳线，意味着市场正在向上试探该均线和颈线处的压力。后续股价回调数日，最终在 10 月下旬凭借一根实体极长的阳线成功突破 30 日均线和 V 形底颈线，传递出清晰的买进信号，谨慎型短线投资者也可以建仓了。

下面来看一下深水规院个股中的头肩底形态。

图 1-21 为深水规院（301038）2023 年 3 月到 7 月的 K 线图。

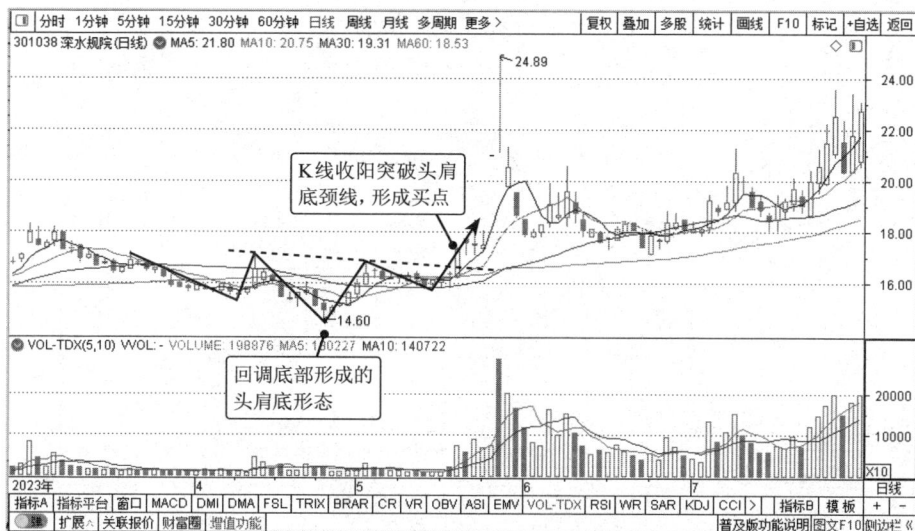

图 1-21　深水规院 2023 年 3 月到 7 月的 K 线图

从图 1-21 中可以看到，深水规院的股价其实整体处于上涨行情之中，毕竟中长期均线在前期也保持着上扬走势，那么该股在 2023 年 3 月形成的就是一次深度回调。即便如此，短线投资者也有必要先行卖出观望。

4 月初，股价跌至 16.00 元价位线下方不远处止跌反弹，不过由于当时的价格已经落到中长期均线下方，股价没能向上突破 30 日均线就拐头下跌了，第二个低点下移至 14.60 元处。

低位整理后，股价再度反弹，这一次也是来到 30 日均线附近，不过实现了小幅突破，随后小幅回落到 16.00 元价位线附近。

这时短线投资者仔细观察就可以发现一个头肩底的雏形，其左右两肩和中间的头部都已经出现，且肩膀低位相近，完全符合头肩底的形态要求。那么将两个波峰相连延伸出一条斜线，就是该形态的颈线。

右肩出现后，股价已经在 30 日均线上站稳，因此，即便颈线尚未被突破，短线投资者也可以尝试建仓。至于谨慎型短线投资者，还需要等待 5 月下旬 K 线收出长阳线一举突破颈线时再建仓。

下面来看一下申昊科技的走势中 K 线形成的双重底形态。

图 1-22 为申昊科技（300853）2022 年 9 月到 2023 年 6 月的 K 线图。

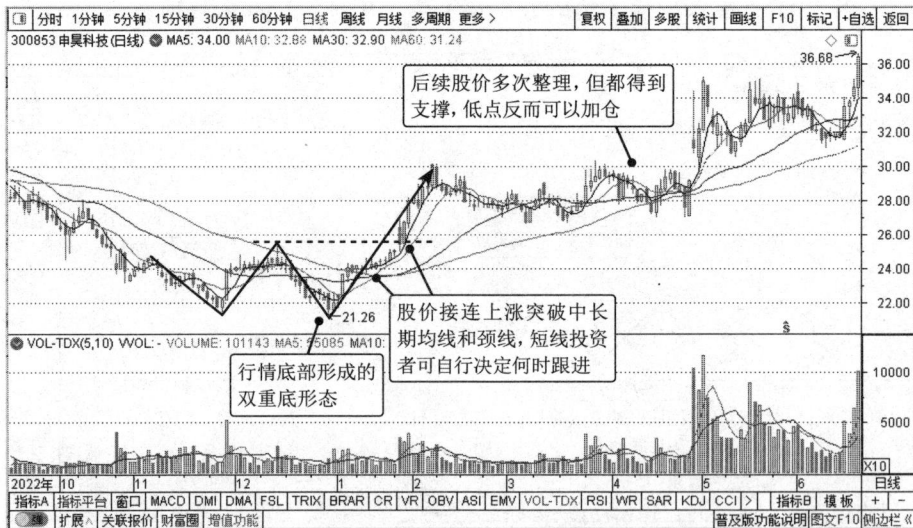

图 1-22　申昊科技 2022 年 9 月到 2023 年 6 月的 K 线图

在申昊科技的 K 线图中，该股于 2022 年 11 月到 2023 年 1 月形成扭转，先来看一下下跌阶段中的股价表现。

2022 年 11 月初，股价在 24.00 元价位线附近短暂止跌整理后继续下跌，一直落到 22.00 元价位线下方才停住，并形成一次强势反弹。之所以说它强势，是因为股价已经成功突破到 30 日均线上方，虽然最后在 60 日均线上受阻，但依旧能为抢反弹的短线投资者带来不错的收益。

12 月中旬，股价继续下跌并跌破 30 日均线，在 21.26 元的位置触底后再次反转。很显然，这个低点与前期的位置十分接近，且股价还有继续上涨突破中长期均线的迹象，那么投资者就可以将其视作双重底的雏形，颈线就在上一个高点，即 26.00 元价位线下方不远处。

2023 年 1 月初，股价先是突破两条中长期均线，形成第一个比较清晰的短期买点。半个月之后，股价逐步上升成功突破双重底颈线，宣告筑底形态成立，新的拉升即将来临，短线投资者可趁机加仓，扩大后市收益。

1.2　波段顶部的反转形态

波段顶部的反转形态是短线投资者借以及时出货的关键，与底部形态一样，这些形态同样存在一定的构筑要求，出现在合适的位置时能够帮助短线投资者提前卖出，锁定收益。

需要注意的是，在底部反转形态形成过程中，短线投资者可根据股价对不同压力线的突破走势来定位不同风险程度的买点，有时候迟一些买进也能有收益。

在顶部反转形态中，如果短线投资者一直不肯在形态成型的同时或是危险信号发出后及时撤离，而是等到股价彻底跌破中长期均线后再卖出，损失可能就比较大了。再说短线收益本来就不比中长线收益高，这样短线投资者很难实现真正的盈利。

因此，在遇到反转预警信号后，短线投资者最好尽快卖出，就算判断失误，股价还能上涨，投资者也可以在后续寻找合适的位置重新建仓，总比惜售之后长期被套好。

下面就来看一下常见的顶部反转形态。

1.2.1 黄昏之星

黄昏之星是形成于阶段顶部或行情顶部的反转K线形态，它由三根K线构成，前后两根K线实体较长且前阳后阴，中间的小K线实体较小阴阳不限，实体下端需要高于前一根阳线的实体上端，如图1-23所示。

技术图示 顶部反转的黄昏之星

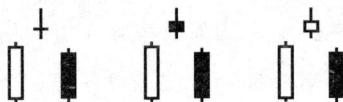

图1-23　形态示意图

黄昏之星其实就是早晨之星的翻转，因此，信号也是截然相反的。与遇到早晨之星后继续观察等待突破的操作策略不同，短线投资者在发现黄昏之星后最好先行减仓或清仓卖出，避开短期下跌后再观察后续是否还有上涨潜力，那时再重新买进不迟。

接下来通过真实的案例进行深入学习。

实例分析 华贸物流（603128）黄昏之星做空卖出

图1-24为华贸物流2022年10月到2023年2月的K线图。

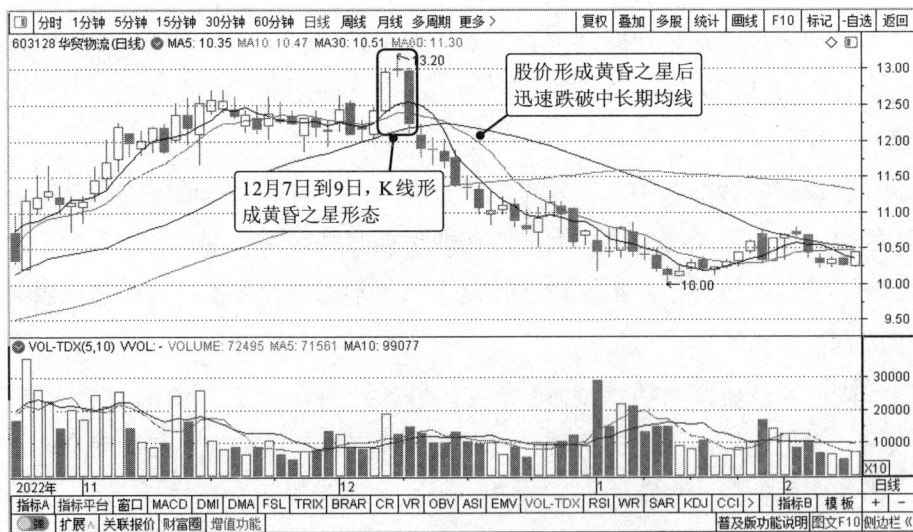

图1-24　华贸物流2022年10月到2023年2月的K线图

在华贸物流的这段走势中，股价前期涨势还是比较稳定的，中长期均线与 K 线之间较大的距离也证实了市场长期看多的整体意愿。但只要投资者仔细观察下方的成交量就可以发现，随着股价高点的持续上移，成交量的量柱高点明显提前转向，与之形成量缩价涨的高位背离。

这种背离往往是市场注资力度不足，股价上涨乏力的表现，而该股在上涨至 12.50 元价位线附近后横盘震荡的走势也似乎在印证这一点。这时场内短线投资者就要高度关注 K 线与中长期均线接触后的变盘方向，场外短线投资者也要暂缓买进的步伐。

12 月 7 日，股价在靠近 30 日均线后突然向上收出一根长阳线突破横盘高点，看似是向上变盘的标志，但往后两个交易日中出现的小实体 K 线和反转向下的大阴线，说明这大概率是主力诱多的手段。

下面来看这三个交易日的分时走势。

图 1-25 为华贸物流 2022 年 12 月 7 日到 9 日的分时图。

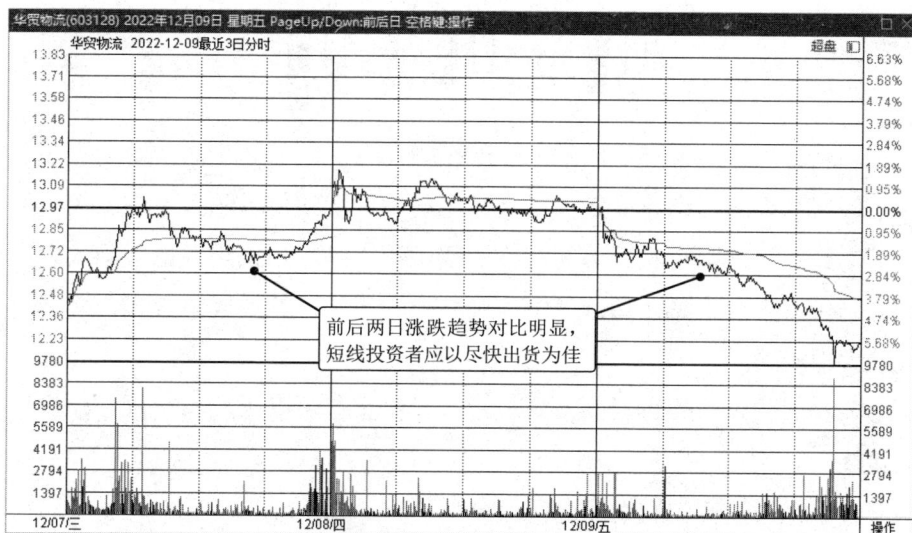

图 1-25　华贸物流 2022 年 12 月 7 日到 9 日的分时图

从图 1-25 中可以看到，该股在 12 月 7 日的积极上涨确实误导了很多投资者，许多人在买进后期望次日也能继续上涨，但在 12 月 8 日价格于均价线附近反复震荡，到收盘也没能形成有效拉升。

到了 12 月 9 日，股价更是开盘即下跌，跌速还越来越快，最终收出大阴线。这三日价格的突兀上涨又转折使得 K 线形成黄昏之星形态，更加确定了主力的借高出货意图。

在接收到这一信号后，场内的短线投资者就要在股价跌幅不大时立即卖出止盈，场外短线投资者则可以放弃该股，另寻其他优质个股操作。毕竟在后续的走势中，股价很快接连跌破了 30 日均线和 60 日均线，下跌趋势已然成型，短期内的投资价值不大。

1.2.2　倾盆大雨

倾盆大雨由两根实体较长的 K 线构成，前阳后阴，阳线的收盘价要位于阴线开盘价上方，开盘价则要位于阴线实体内部，而阴线的开盘价要向上深入阳线实体的一半以上，如图 1-26 所示。

技术图示 倾盆大雨形成转折

图 1-26　形态示意图

倾盆大雨的形态特征就蕴含在其名称中，阴线位于阳线下方，仿佛雨滴落下云层，说明个股后市可能会面临绵绵下跌。如果阴线位于阳线右上端，仿佛太阳被隐藏在乌云之中，则称乌云盖顶，其形成位置和含义都与倾盆大雨相同。

无论遇到以上哪种看跌形态，短线投资者都可以采用与黄昏之星类似的策略。

接下来通过真实的案例进行深入学习。

实例分析 光弘科技（300735）倾盆大雨实战看跌

图 1-27 为光弘科技 2023 年 9 月到 2024 年 1 月的 K 线图。

2023 年 9 月到 10 月，光弘科技的股价被承托在中长期均线上方震荡上涨，期间形成的回调幅度虽然较大，但持续时间不长，一个星期左右就在 30 日均线上方得到支撑继续上涨。在此期间，不少短线投资者参与其中做多，获利也十分可观。

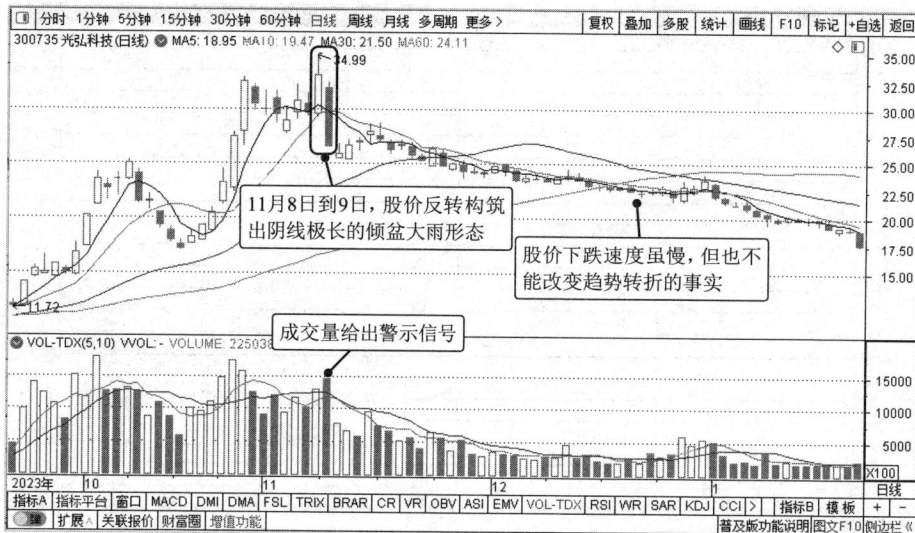

图 1-27　光弘科技 2023 年 9 月到 2024 年 1 月的 K 线图

在股价不断上涨创出新高的同时，成交量也有配合放量推动，但量柱的高点并没有上移，而是整体走平，与价格稍显背离，不过警示信号尚不强烈，短线投资者可不必急于卖出。

11 月 8 日，股价快速上涨来到 34.99 元的位置，但在次日就拐头向下收出一根长实体阴线，且阴线的开盘价向上深入前一根阳线实体的一半以上，符合倾盆大雨的形态要求。

除了这一反转形态之外，股价下跌当日的实体极长，且成交量有放量，说明盘中大概率有主力在操作，根据前期的涨幅来看，其目的很有可能是出货。下面通过这两日的分时走势进一步分析。

图 1-28 为光弘科技 2023 年 11 月 8 日到 9 日的分时图。

11 月 8 日，光弘科技的股价在早盘期间上涨速度是很快的，且成交量在此期间也很活跃，可见市场中有不少买盘被吸引进来。下午时段开盘后股价转向横盘，不过最终还是以高价收盘。

11 月 9 日，成交量在以低价开盘后就出现一根大量柱，将价格迅速下拉到较低位置，而且后续止跌企稳后也没能实现有效反弹，反而是在进入尾盘后继续向下落到跌停板上，小幅震荡后彻底封板直至收盘。在首次跌停的同时，成交量再放巨量，明显是主力所为。

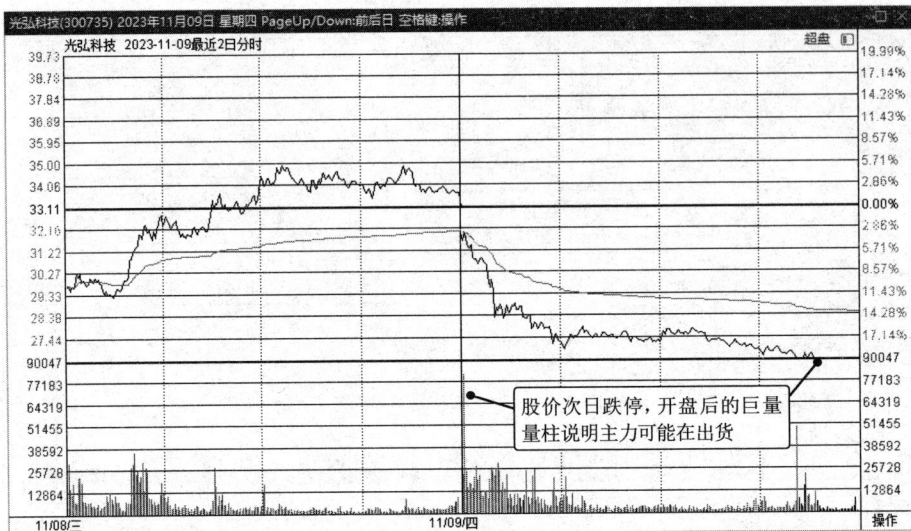

股价次日跌停，开盘后的巨量
量柱说明主力可能在出货

图 1-28　光弘科技 2023 年 11 月 8 日到 9 日的分时图

结合 K 线图中分析出的信息来看，这里主力诱多出货的可能性就比较高，谨慎型短线投资者在下跌当日就应当卖出。反应不及的投资者也还有机会在后续股价的缓慢下跌过程中止损，场外投资者则不能继续介入，尤其是当股价彻底跌破中长期均线之后。

1.2.3　平顶线

平顶线由两根及以上的 K 线构成，K 线不限阴阳，只要当日最高价位在相近位置即可，如图 1-29 所示。

技术图示 平顶线触顶反转

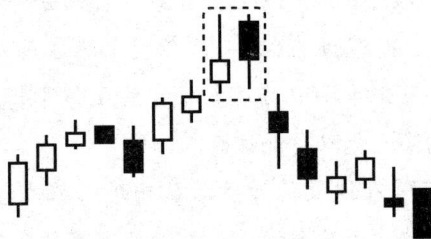

图 1-29　形态示意图

平顶线不限 K 线的实体长度和影线长度，只关注其最高点的位置，因此会比较频繁地出现在股价高位滞涨的过程中。如果与此同时成交量表现出缩减背离，那么股价难以突破压力线的走势就会更加清晰，短线投资者还是有必要先行卖出观望。

接下来通过真实的案例进行深入学习。

实例分析 **银禧科技（300221）平顶线卖出信号**

图 1-30 为银禧科技 2024 年 3 月到 7 月的 K 线图。

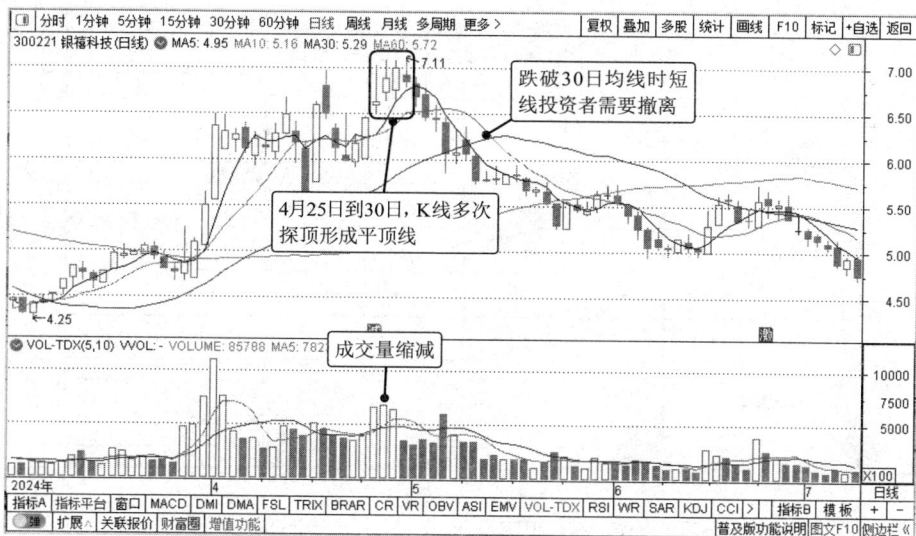

图 1-30　银禧科技 2024 年 3 月到 7 月的 K 线图

先来看银禧科技前期的走势，从中长期均线的表现来看，该股在 2024 年 3 月上旬就已经成功上涨并突破 30 日均线，形成一个短线买点。后续经历半个月的震荡，股价成功以长阳线突破 60 日均线，成交量也有明显放量支撑，短线投资者可在此加仓。

进入 4 月后不久，股价在 6.50 元价位线下方受阻后横盘整理，期间的震荡没有下跌太多，因此，短线投资者还可以继续等待后市发展。

4 月下旬，股价再次上冲并成功突破前期高点，与此同时成交量也有放量支撑，但量能明显不及前期，整体呈现出量缩价涨的背离。通过前面案例的学习投资者知道，这是股价可能即将滞涨反转的信号，短线投资者这时就要关注场内是否有其他看跌信号出现印证这一推测。

在成交量放量的几个交易日，股价上涨到接近 7.00 元价位线的位置，但在接触到该价位线后该股一直横盘，期间收出的都是带有长上影线的 K 线，而且最高价非常接近，符合平顶线的特征。

结合成交量的表现来看，短线投资者就可以大致得出股价可能即将结束上涨的信号，下面进入这几日的分时走势中，看看还有哪些异动。

图 1-31 为银禧科技 2024 年 4 月 25 日到 30 日的分时图。

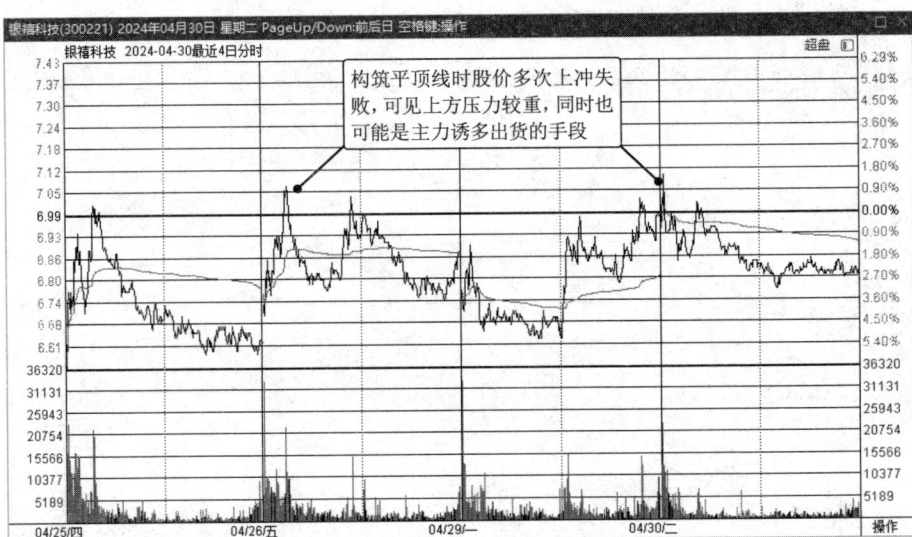

图 1-31　银禧科技 2024 年 4 月 25 日到 30 日的分时图

从股价形成平顶线的分时走势来看，不难发现它们的形态十分相似，盘中都存在冲高回落的走势，这也是 K 线长上影线的由来。

当股价在高位频繁上冲突破失败时，说明上方存在较重的压力，或者说主力并不想继续拉涨，而是通过反复的上冲吸引场内买盘，实现分批出货，这一点从每日开盘后必放巨量的成交量表现中可以看出。

因此，趁着股价还没有彻底转折向下，短线投资者需要借此机会锁定前期收益，随后离场观望，看该股是否还有投资价值。

回到 K 线图中观察可以发现，该股在高位滞涨数日后迅速收阴下跌，数日后就落到 30 日均线上，但也只是止跌了两日，股价就彻底将其跌破。60 日均线则在 5 月下旬被跌破，虽然后续该股有所反弹，但没能越过 30 日均线的压制，下跌趋势稳定，短线投资者也没有必要继续等待。

1.2.4　三只乌鸦挂树梢

三只乌鸦挂树梢形态的基础是三只乌鸦形态，它由三根连续的阴线构成，每根阴线的实体都要与前一根阴线的实体重合一部分，呈现出交错咬合的状态，如图 1-32（左）所示。

三只乌鸦挂树梢则是在三根阴线之前多了一根阳线，阳线的实体和影线长度不论，但三只乌鸦第一根阴线的开盘价需要低于阳线的最高价，如图 1-32（右）所示。

技术图示 **三只乌鸦及其加强形态**

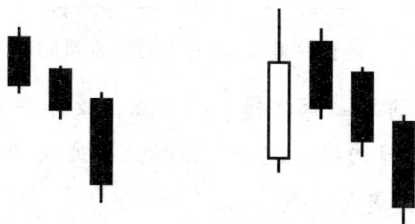

图 1-32　形态示意图

根据形态结构来看，三只乌鸦可能出现在任何位置，包括回调过程中、下跌途中及反转高位。而三只乌鸦挂树梢更常见于各种顶部，比如回调前夕、反弹顶部和行情顶部。

两种形态传递的都是短期看跌信号，连续的下跌已经足以说服短线投资者及时出局避开下跌。如果在三只乌鸦或三只乌鸦挂树梢形态成形后不久，股价还没有太多上涨预示，短线投资者就可以暂时放弃观察这只股票，转而投资其他更有价值的个股。

接下来通过真实的案例进行深入学习。

实例分析 **永信至诚（688244）三只乌鸦挂树梢及时撤离**

图 1-33 为永信至诚 2023 年 5 月到 9 月的 K 线图。

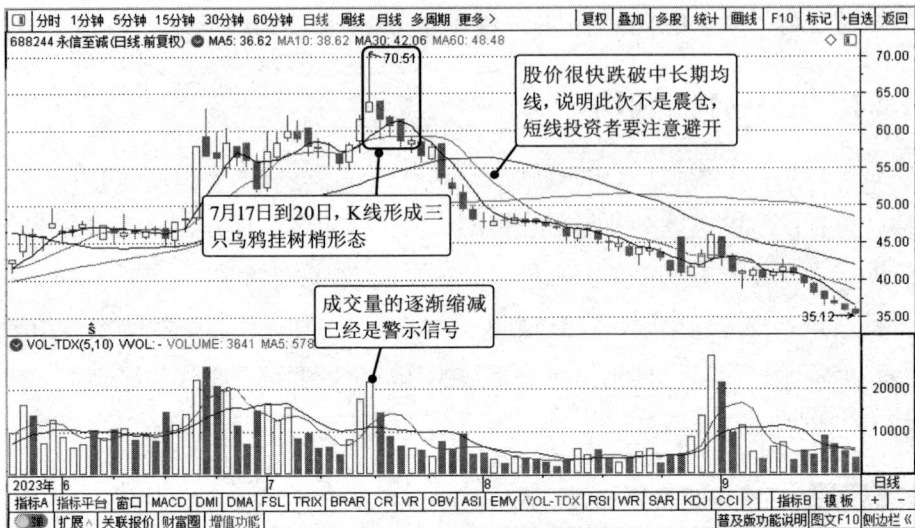

图 1-33　永信至诚 2023 年 5 月到 9 月的 K 线图

先来看永信至诚前期上涨过程中的买点，股价在 2023 年 5 月底就成功突破了拐头下压的 30 日均线，这应当是结束一波回调重新上涨，那么短线投资者就可以借此机会建仓买进。

不过后续近一个月内股价都没能形成有效的拉升，而是沿着 45.00 元价位线横盘震荡，对于已经买进着急盈利的短线投资者来说这确实是对时间成本的一种较大浪费。不过不介意这一点的投资者还是可以继续持股观望，毕竟价格没有明显的下跌迹象。

6 月下旬，K 线在成交量的放量推动下收出一根长阳线一举拉升至 60.00 元价位线下方，后续该股就是在该压力线附近横盘震荡。不过短时间内短线投资者的收益也是很不错的，因此，可以继续等待后市的上涨机会。

7 月中旬，成交量再度放大，股价积极拉升至 70.51 元，短期涨幅极为可观。然而观察成交量峰值与前期的对比可以发现，量能整体呈缩减状态，与创出新高的股价形成了量缩价涨的背离。

再加上该股在创新高的当日还收出一根带有长上影线的小实体阳线，更加证实反转可能形成。而且在后面三个交易日中，K 线接连收阴下跌，每一根阴线的实体都与前一根的实体有重叠，且第一根阴线的开盘价低于阳线最高价，符合三只乌鸦挂树梢的形态要求。

下面再来看这几个交易日的分时走势。

图 1-34 为永信至诚 2023 年 7 月 17 日到 20 日的分时图。

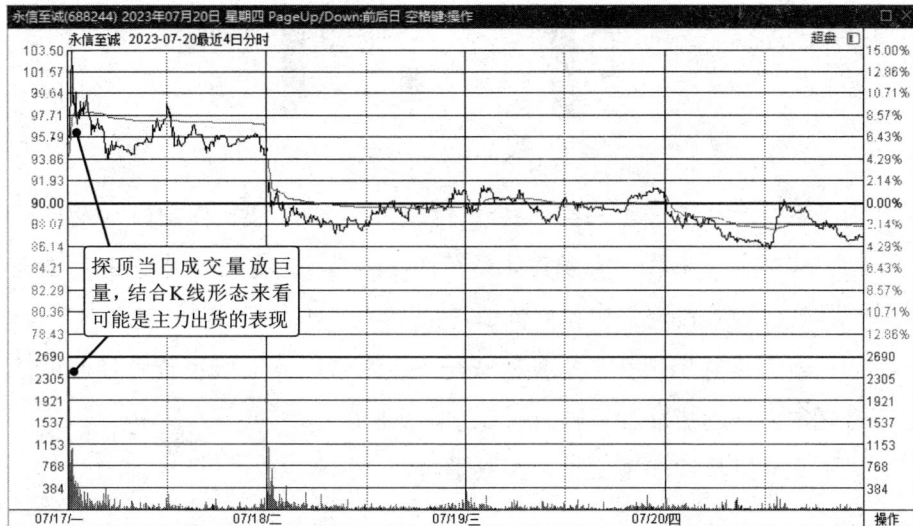

图 1-34　永信至诚 2023 年 7 月 17 日到 20 日的分时图

在这四个构筑三只乌鸦挂树梢形态的交易日中，市场异动最为明显的还是第一个冲高回落的交易日。从图 1-34 中可以看到，该股在开盘后就被一根大量柱推动直线上冲到较高位置，随后立即转折，一分钟后跌到均价线上震荡，最终将其跌破落到低位。

如此突兀的拉升和转折，结合开盘后的大量柱来看，大概率是主力操作导致的。其目的可结合 K 线图中的行情位置来看，可能是震仓也可能是出货，但无论是什么情况，对于短线投资者来说都是需要避开的。

那么当后续三日股价接连下跌，最终结合形成三只乌鸦挂树梢形态后，短线投资者就要注意及时止盈卖出。

回到 K 线图中，该股在数日后就接连跌破了 30 日均线和 60 日均线，且没有形成有效回抽，可见此次主力并不是在震仓，而是出货。因此，还未撤离的短线投资者就不能继续停留了。

1.2.5　看跌吞没线

看跌吞没线与看涨吞没线相对应，指的是股价在某一位置收出的一根长实体阴线吞没一根及以上的小实体 K 线，如图 1-35 所示。

技术图示 顶部反转的看跌吞没线

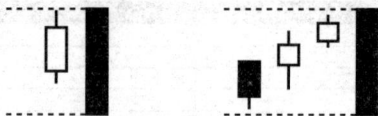

图 1-35　形态示意图

与看涨吞没线的要求一样，看跌吞没线也需要阴线实体向前吞没 K 线的全部，包括上下影线。阴线实体越长，吞没的 K 线越多，形态的看跌信号就越强烈，短线投资者也越要谨慎对待。

如果形态正好出现在上涨顶部或是关键跌破位，短线投资者又通过其他信号确定下跌趋势临近，就有必要立即卖出。

接下来通过真实的案例进行深入学习。

实例分析 格力地产（600185）看跌吞没线的极端情况实战

图 1-36 为格力地产 2022 年 11 月到 2023 年 3 月的 K 线图。

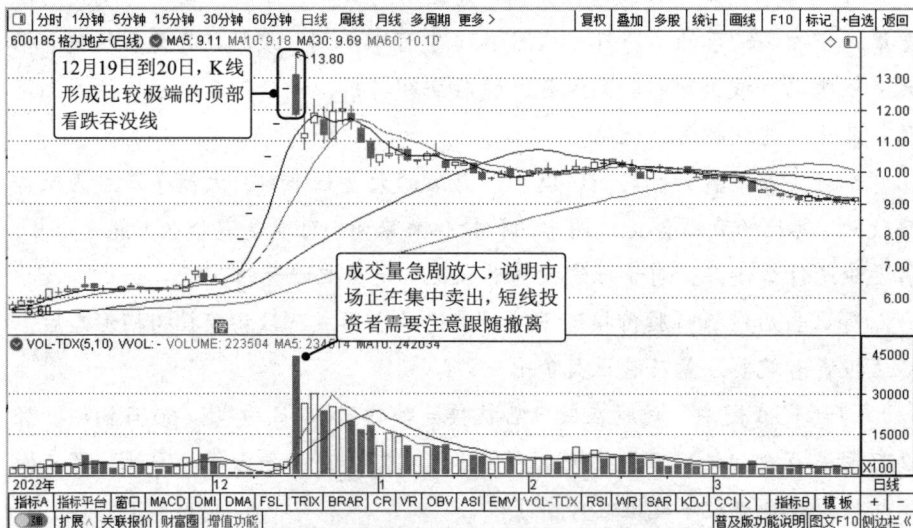

图 1-36　格力地产 2022 年 11 月到 2023 年 3 月的 K 线图

在格力地产的这段走势中，该股在 2022 年 11 月的走势还算平稳，股价在稳步上涨到 6.00 元价位线上方不远处后就长期横盘滞涨，期间成交量没有出现太大的波动，说明市场情绪平稳。

但在进入 12 月，格力地产进行一次停牌整理后，一开市该股就形成一字涨停暴涨，且连续涨停了七个交易日才在 10 月 20 日开板。开板当天，K 线收出一根长实体阴线吞没前日的一字涨停线，结合形成了一种比较极端的顶部反转看跌吞没线形态。

下面来观察看跌吞没线形成同时，盘中有哪些异动。

图 1-37 为格力地产 2022 年 12 月 19 日到 20 日的分时图。

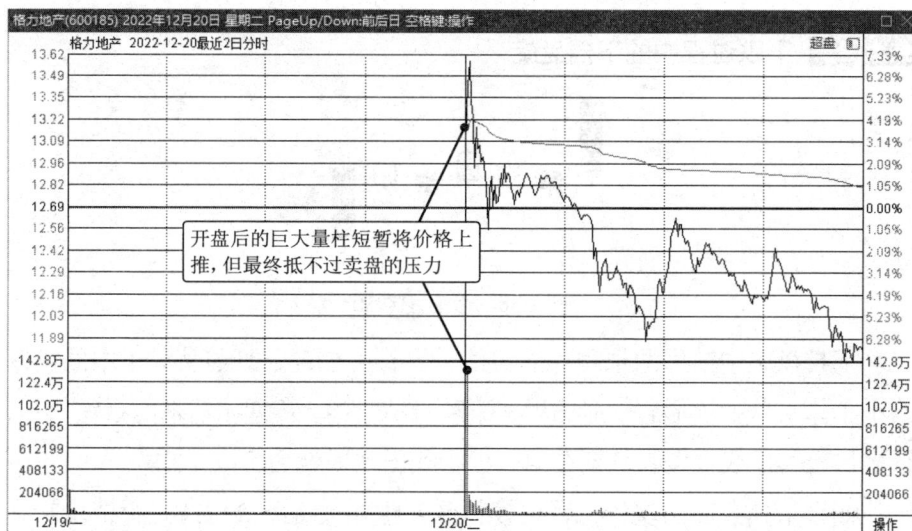

图 1-37 格力地产 2022 年 12 月 19 日到 20 日的分时图

从图 1-37 中可以看到，格力地产的股价在 12 月 20 日开盘后第一分钟还能形成积极的拉升，但随着场内获利盘和主力的大批抛售，股价迅速拐头向下，短短数分钟内跌破均价线，落到 12.56 元价位线上短暂止跌反弹后继续向下，最终当日以极低的价格收出长阴线。

根据当日的交易数据，股价单日跌幅为 6.78%，振幅却高达 16.15%，可见其价格跨越幅度之大。一些有经验的短线投资者如果正好在一字涨停之前买进且持有到现在，就会清楚当前正是极佳的卖出时机，因为这种暴涨结束后股价一般会快速下跌一段距离，如果能避开自然能保住更多的收益。

回到 K 线图中观察后续的走势可以看到，该股在此之后落到 11.00 元价位线上窄幅震荡，最终还是向下跌破支撑线，朝着30日均线靠近。而且这时候的成交量也在持续缩减，市场热度明显下降，此时还未离场的短线投资者要抓紧时间。

1.2.6　下档盘旋

下档盘旋指的是股价在下跌过程中收出一根实体较长的阴线落到某一支撑线上，随后横盘窄幅震荡一段时间，最终再次向下跌破支撑线，形成下档盘旋，如图1-38所示。

技术图示　下跌过程中的下档盘旋

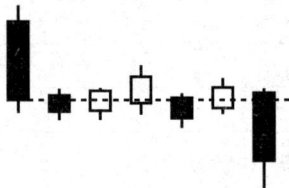

图 1-38　形态示意图

下档盘旋中前后两根阴线的实体一般长度相近，且显著大于中间震荡的小实体K线。该形态一般出现在下跌行情之中，传递出清晰的看跌信号，很多机警的短线投资者甚至在第一根阴线出现后就会卖出止损。

如果下档盘旋出现的位置比较特殊，比如关键跌破位或是行情反转之后，其卖出信号将会更加可靠。无论短线投资者的风险承受能力如何，遇到这种情况都应当先行卖出观望。

接下来通过真实的案例进行深入学习。

实例分析　惠威科技（002888）下档盘旋的卖出信号

图1-39为惠威科技2023年11月到2024年3月的K线图。

观察惠威科技的K线图可以看到，该股在2023年11月到12月都在中长期均线的支撑下稳定向上攀升，只是震荡幅度较大。这种走势其实正适合短线投资者进行波段操作，即在股价回调落到30日均线上止跌时低吸，当股价阶段见顶下跌后高抛，就可以快速赚取短期收益。

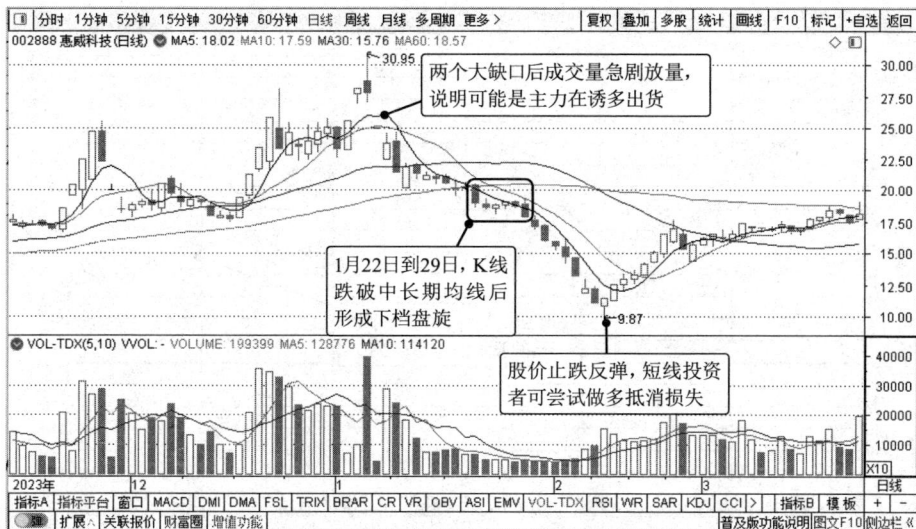

图 1-39　惠威科技 2023 年 11 月到 2024 年 3 月的 K 线图

不过这种操作对投资者的判断和分析能力有比较高的要求,经验不足的投资者稍有不慎就可能被套,所以,投资者还是要根据自己的能力制定策略。

2024 年 1 月初,股价又一次向上创出新高,而且还在上涨的同时形成一个较大的跳空缺口,说明市场短时间内的推动力极为强劲,不排除有主力注资的可能。然而向上跳空的次日,该股就冲高回落收出一根带有长上影线的阴线,这一般是回调来临的标志,短线投资者要注意。

往后一个交易日,股价更是大幅跳空向下开盘,收出一字跌停线,后续 K 线收出一根阳线,但此时低点已经十分靠近 30 日均线,比起前一日的跌幅也很大,卖出信号更加强烈。

随着时间的推移,股价逐渐落到 30 日均线之下,在接触到 60 日均线后不久收出一根实体较长的阴线直接将其跌破,低点落到 20.00 元价位线下方不远处止住,开始横盘震荡。

几个交易日后,股价最终还是彻底向下跌破支撑线,并且与前期跌破 60 日均线的阴线和中间震荡的小 K 线结合形成了下档盘旋形态。这又是一个明确的下跌信号,警示仍在场内的短线投资者迅速卖出。

下面来看分时走势中的卖点。

图 1-40 为惠威科技 2024 年 1 月 22 日到 29 日的分时图。

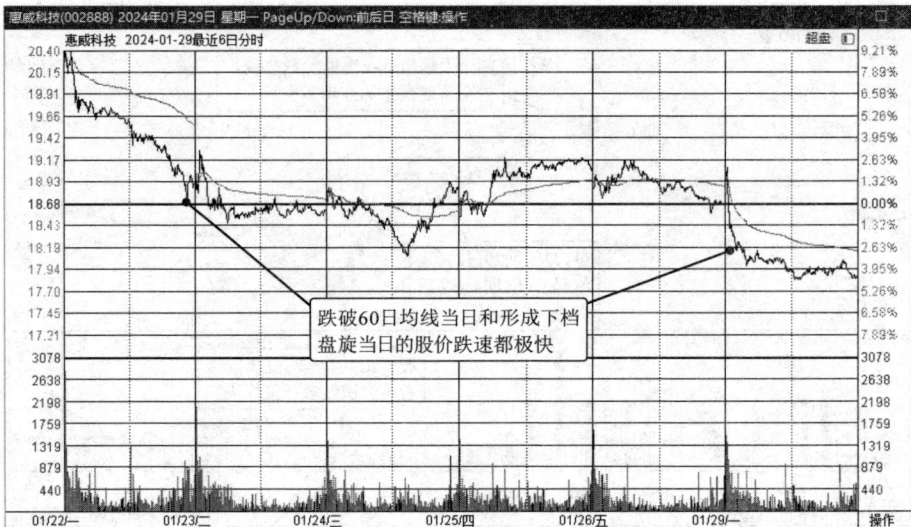

图 1-40　惠威科技 2024 年 1 月 22 日到 29 日的分时图

从图 1-40 中可以看到，惠威科技的股价明显在下档盘旋形态中的第一日和最后一日下跌速度最快，跌幅也是最大的。

1 月 22 日，股价跌破了 60 日均线，且盘中跌势稳定，已经明确向短线投资者释放出卖出信号。经历中间的多日震荡后，股价最终还是向下跌破前期低点，1 月 29 日股价开盘后的急速下跌再次催促投资者撤离。

1.2.7　顶部 K 线组合形态

顶部 K 线组合形态是指一些具有筑顶反转预示的特殊形态，它们往往构筑时间较长，但可靠性也会更强。常见的顶部 K 线组合形态有倒 V 形顶、头肩顶和双重顶，如图 1-41 所示。

技术图示　**三大常见顶部组合形态**

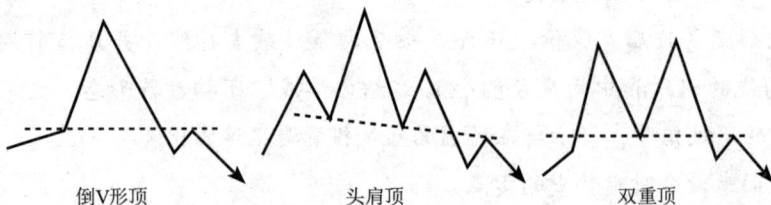

倒V形顶　　　　头肩顶　　　　双重顶

图 1-41　形态示意图

下面就来逐一介绍这三个常见顶部形态的具体构造和卖点：

①倒 V 形顶指股价短时间内急速上冲到某一位置后立即反转下跌，跌速与前期的涨速相差无几，进而形成一个尖锐的折角。待到股价跌破前期拉升的初始位置，即颈线后，倒 V 形顶成立。其中的卖点主要集中在反转位和跌破位，短线投资者最好在颈线被跌破之前就卖出。

②头肩顶同样是股价快速上涨后反转下跌形成的，只是期间多了几次震荡，导致股价形成三个清晰的波峰和两个波谷，左右两侧的波峰高度相近，中间波峰最高。连接两个波谷可形成形态的颈线，当股价将其彻底跌破，头肩顶即成立。形态中的每一个波峰和跌破位都可以视作短线卖点，但颈线被跌破的位置损失会比较大，短线投资者不要等到那时再撤离。

③双重顶可看作由两个倒 V 形顶构成的反转形态，两个波峰位置相近，波谷所处的位置是颈线。双重顶中的卖点也很丰富，两个波峰处是比较合适的短线止盈点，投资者要注意把握时机。

接下来通过真实的案例进行深入学习。

实例分析　V 形顶、头肩顶与双重顶实战看涨

图 1-42 为中锐股份（002374）2021 年 11 月到 2022 年 4 月的 K 线图。

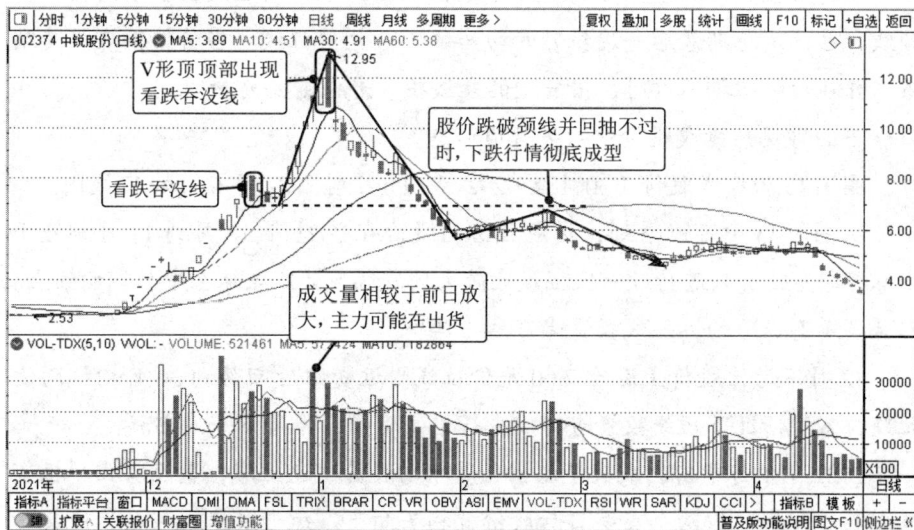

图 1-42　中锐股份 2021 年 11 月到 2022 年 4 月的 K 线图

先来看中锐股份的倒 V 形顶形态。从 2021 年 11 月底开始，该股就开启了一波急速拉升，连续出现的一字涨停和 T 字线等特殊 K 线使得价格在短时间内快速上涨，给市场带来了丰厚的收益。

而且如此迅猛的上涨竟然维持了一个多月的时间，期间成交量活跃度也是比较高的，说明场内一定有某种力量在维持着这种拉升，大概率是一个或多个主力。等到这些主力收益达到一定程度，就可能大批抛售导致价格快速下跌。

因此，短线投资者还是要谨遵短期持股的原则，逢高卖出，逢低再重新建仓，才能更好地降低风险。

12 月底，股价小幅回调到 7.00 元价位线附近后继续拉升，短线投资者重新建仓跟进。数日后股价就冲到了 12.00 元价位线上方，但却在创新高的当日反转下跌收出大阴线，阴线实体向前吞没阳线，形成顶部转折看跌吞没线形态。

其实看跌吞没线已经在 12 月中旬的一次见顶回调过程中出现过了，那一次股价仅仅是小幅回调。但这一次阴线实体实在太长，且成交量明显放量，说明主力是有可能出货的，谨慎型短线投资者当时就应该卖出。

在后续的走势中，股价很快继续下跌接近 30 日均线，并在 2022 年 1 月下旬将其跌破。这时候倒 V 形顶形态已经很清晰了，而且股价在不断接近其颈线，也就是前期最后一波拉升的初始位 7.00 元价位线。当价格彻底将其跌破，并在后续回抽不过时，惜售型的短线投资者也需要离开。

下面再观察捷成股份中的头肩顶形态。

图 1-43 为捷成股份（300182）2021 年 11 月到 2022 年 6 月的 K 线图。

从图 1-43 中可以看到，捷成股份的股价在 2021 年 11 月到 12 月都处于上涨，期间股价只进行过一次幅度比较大的震荡，且低点踩在中长期均线上，涨势还是有保障的，短线投资者可参与其中。

12 月下旬，股价上涨至 7.00 元价位线附近受阻后回落到 30 日均线附近止跌，常规情况下短线投资者可以先行借高卖出，等待下一波上涨。

2022 年 1 月中旬，成交量放出巨量推动股价飞速上涨，甚至收出一根实体超长的阳线。但两个交易日后股价就拐头向下，短期跌速也极快，成交量虽然在缩减，但活跃度明显高于 12 月上旬的那一波拉升，因此，投资者有理由推测这是主力推高出货造成的，那么就要快速借高卖出。

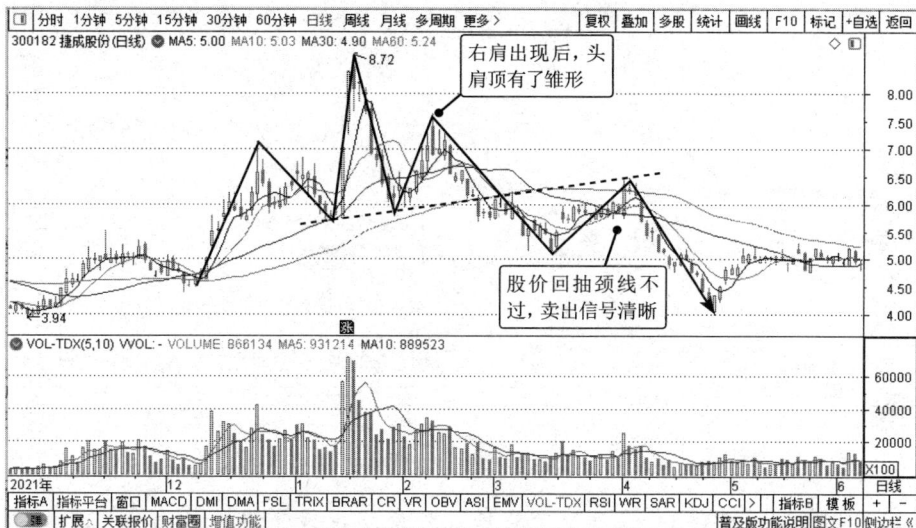

图 1-43 捷成股份 2021 年 11 月到 2022 年 6 月的 K 线图

从后续的走势也可以看到，该股在跌至 6.00 元价位线附近后止跌反弹，但反弹高点明显不及前期，价格只是小幅突破 7.00 元价位线就拐头下跌。这时，不仅上方压制力得到了验证，一个头肩顶的形态雏形出现了，其颈线就是前面两次股价止跌低点的连线。

一般来说，短线投资者应当在股价反弹不过前期高点，也就是头肩顶的右肩形成后清仓。但有些被套的投资者可能不甘心就此卖出，或者还想等待后市的上涨机会，就会被拖到股价彻底跌破颈线的位置。

2022 年 3 月，股价跌破头肩顶颈线后有过一次强势反弹，但也没有突破其压制，不想再遭受更多损失的投资者最好还是卖出止损。

接下来分析金发拉比个股中的双重顶形态。

图 1-44 为金发拉比（002762）2022 年 11 月到 2023 年 5 月的 K 线图。

观察该股在 2022 年 12 月之前与 2023 年 1 月期间的股价走势对比，投资者可以清晰发现后期的加速上涨。该股是在 1 月上旬开启加速的，与此同时，成交量有明显放量支撑，整体量能相较于前期也在上移，因此，个股呈现出的是比较稳健的上涨，短线投资者完全可以参与。

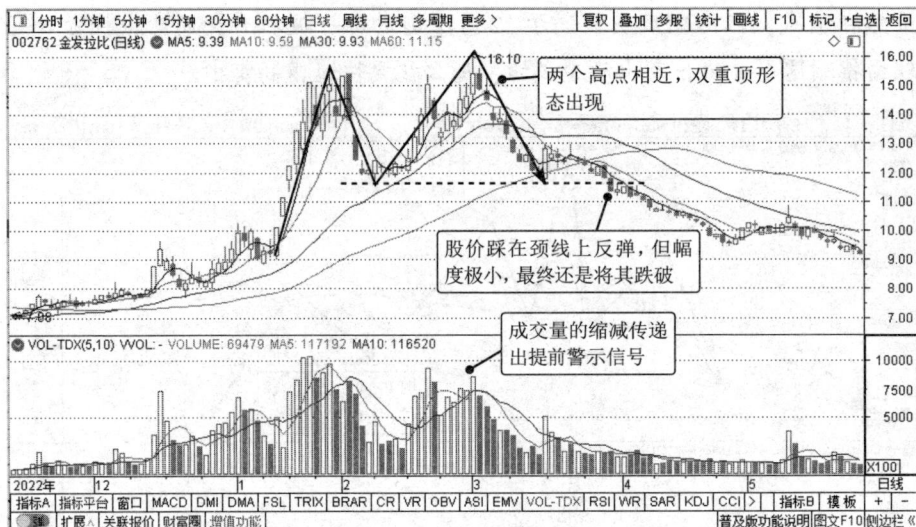

图 1-44 金发拉比 2022 年 11 月到 2023 年 5 月的 K 线图

不过在接触到 15.00 元价位线后，股价就出现了数日的滞涨，最终于 2 月初突破失败拐头下跌。这就是短线投资者的一大卖出机会，此时应将前期收益落袋为安，以避开行情反转的风险。

跌到 30 日均线附近后，该股得到支撑继续上涨。这一次价格成功越过了前期高点，但也只是小幅越过，在创出 16.10 元的新高后反转下跌，并直接跌破 30 日均线。

此时，已经有不少投资者看出双重顶的形态了，那么前期该股得到支撑的位置，即 12.00 元价位线就是形态的颈线，短线投资者最好趁着颈线还没被跌破迅速卖出止损。

在后续的走势中，股价落到颈线附近后并未立即跌破，而是形成一个小幅反弹。然而反弹持续时间极短，该股最终还是在 3 月底彻底将颈线跌破，对场内投资者做出了最后的看跌警示。

1.3 突破关键位的买卖信号

无论是在牛市还是熊市中，都存在大量或隐晦或直白的压力线和支撑线，比如中长期均线，又比如前期横盘高点和低点。这些关键突破位和跌破位的特殊 K 线形态具有较高的参考价值，能帮助投资者判断变盘方向和时机，进而及时建仓或清仓。

1.3.1 仙人指路

仙人指路就是在整理过程中可能出现的一种特殊看涨形态，它的研判关键在于股价上涨到阶段顶部后收出的一根带长上影线的 K 线，无论阴阳。这根 K 线的最高价就是形态所指出的"路"，意味着股价在后续有可能突破该压力线，如图 1-45 所示。

技术图示 仙人指路确定后期潜力

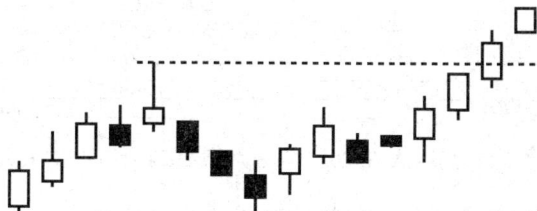

图 1-45 形态示意图

需要注意的是，仙人指路前期形态的出现并不代表着股价一定能实现突破，它只是对未来股价可能上涨的高度作出预测而已。如果价格确实能够完成突破，自然会开启下一波上涨；如果不能，那么仙人指路形态不成立，短线投资者也需要根据实际情况决定是否离开。

接下来通过真实的案例进行深入学习。

实例分析 粤高速 A（000429）仙人指路买进时机

图 1-46 为粤高速 A 在 2023 年 8 月到 2024 年 3 月的 K 线图。

在 2023 年 8 月中旬，股价仍处于中长期均线的压制下震荡下跌，直到在 7.23 元的位置触底后才拐头向上，很快突破到上方并站稳。这时候，大量短线投资者跟进建仓。

该股的第一波强势拉升在 10 月初见顶，当时的个股在顶部收出一根带有长上影线的阴线，高点位于 8.75 元价位线附近，随后股价就逐步进入回调之中。那么这根带长上影线阴线的最高点就可以视作仙人指路形态的雏形，短线投资者可在出局观望之后等待突破机会。

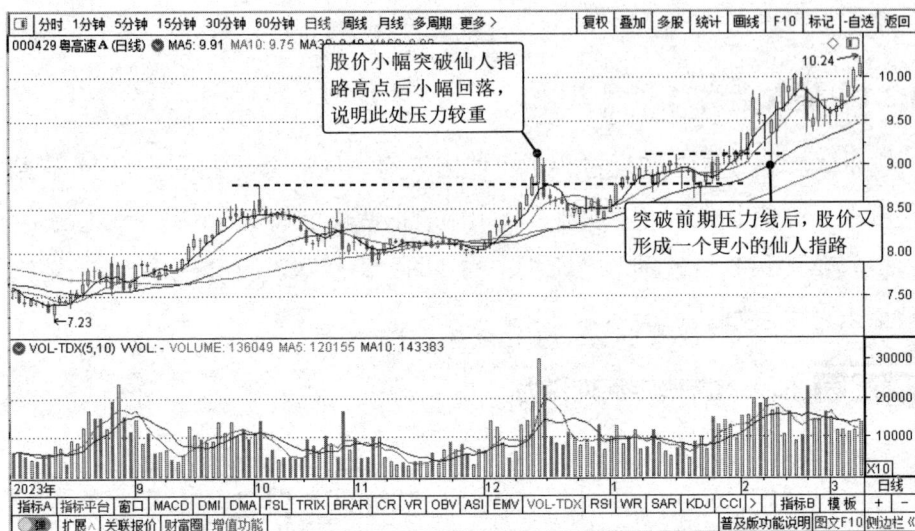

图1-46　粤高速A在2023年8月到2024年3月的K线图

这一次回调幅度不算大，但持续时间还是比较长的，股价中途还跌破了30日均线，落到60日均线附近后横盘震荡，在此期间短线投资者不宜参与。

11月底，该股终于迎来了上涨的曙光。成交量开始分批放量，推动股价迅速上涨，还在12月中旬成功突破前期仙人指路形态的高点。然而可能由于场内急于兑利的获利盘较多，也可能是主力在震仓，股价在突破数日后再次回调，低点落在30日均线上。

这显然不是一次有效的突破，仙人指路形态也尚未成立。不过30日均线对股价的支撑还是表明了市场的看涨态度，那么在突破同时买进的短线投资者也可以不必急于卖出，而是等待下一次的上涨。

2023年12月底到2024年1月初，该股终于再度拉升并成功突破前期压力线，说明仙人指路形态成立，买进信号清晰。不过该股在此之后有过一段时间的横盘震荡，低点踩在8.75元价位线上，高点则在9.00元价位线附近，而且K线再次收出带长上影线的阴线，形成一个更小的仙人指路雏形。

根据前期经验来看，该股未来实现突破的可能性还是比较高的，那么无论短线投资者是否已经买进，都可以在后续股价再次突破压力线的同时加仓或建仓，抓住后续涨幅。

1.3.2 不同变盘方向的三角形

三角形是比较常见的整理形态，主要包括等腰三角形和直角三角形两个大类。在上涨行情中常见的是上升等腰三角形和上升直角三角形，在下跌行情中常见的则是下降等腰三角形和下降直角三角形，每个三角形的具体形态如图 1-47 所示。

技术图示 **各种形态的整理三角形**

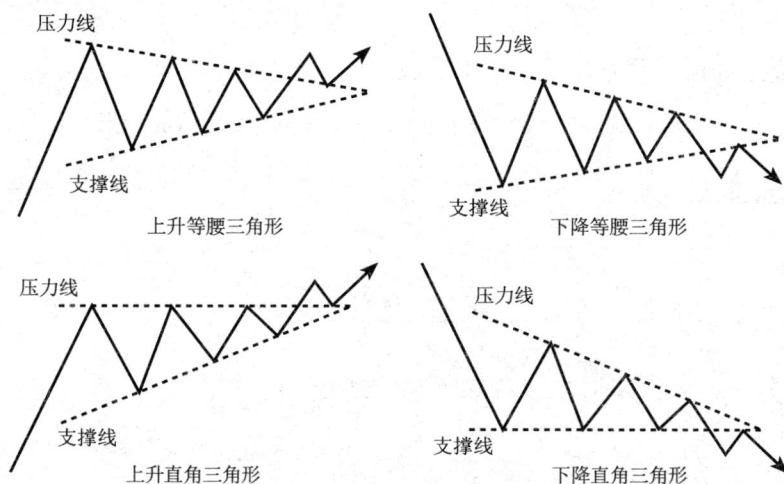

图 1-47　形态示意图

等腰三角形和直角三角形的主要区别就是股价震荡的过程中，高点和低点的连线是否都会向中间收敛。

在上升等腰三角形和下降等腰三角形中，股价的高点和低点渐次向中间移动，连线也分别斜向下方和上方，二者的区别在于所处的行情位置及股价最终变盘的方向。

在上升直角三角形中，股价的高点走平，低点上移，最后呈现出的是向上的突破；而在下降直角三角形中，股价的高点下移，低点走平，最后呈现出的是向下的跌破。

除了以上四种常见的整理三角形外，还有顶底反转三角形，即原本应该在上涨行情中向上突破的上升等腰三角形和上升直角三角形，最终在震荡结束后转为向下跌破，形成顶部反转信号。而原本应该在下跌行情中向下跌破的下降等腰三角形和下降直角三角形，最终拐头向上突破，形成底部反转信号。

由此可见，即便股价在前期构筑的是标准的整理三角形形态，只要最终变盘方向没有彻底确定，投资者就无法断言后市表现究竟会如何，只能根据当前行情位置进行预测。

接下来通过真实的案例进行深入学习。

实例分析 **不同变盘方向的三角形实战**

图 1-48 为移远通信（603236）2023 年 4 月到 10 月的 K 线图。

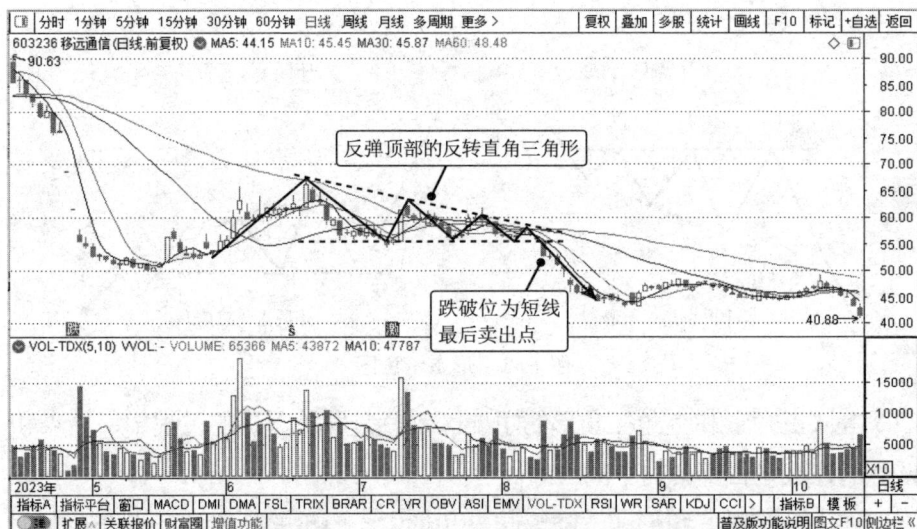

图 1-48　移远通信 2023 年 4 月到 10 月的 K 线图

下面来看移远通信的这段走势，不难看出该股整体是处于下跌之中的，且前期还经历了一波连续跌停，这意味着当前市场看跌情绪占主导，即便股价在后续有反弹迹象，短线投资者也要谨慎建仓，控制仓位。

5 月中旬，该股的反弹正式开启，在一系列震荡后，股价成功突破30 日均线并向着 60 日均线靠近，这时已经有很多短线投资者参与其中了。在接触到 60 日均线后，股价反转向下落到 55.00 元价位线附近，随后再度反弹，但高点依旧受制于 60 日均线，没能实现突破。

在后续一个多月的时间内，该股多次尝试上冲，却只能小幅突破，无法开启拉升。在此期间，股价的高点渐次下移且正好处于一条斜线上，低点则走平，形成一个直角三角形形态。

按照前期股价整体下跌的走势和形态构造来看，这原本应该是一个下降直角三角形，但股价又是以反弹上涨开启构筑的，所以形态不算标准，投资者无法直接确定后市到底会转向何方。不过由于中长期均线的压力太大，成交量也没有给予充分支撑，后续该股变盘向下的可能性还是比较大的，所以短线投资者要格外注意后市发展，必要时先行卖出。

8 月初，该股最终还是在中长期均线的压制下跌破横盘支撑线，回归下跌行情中。那么这就还是一个下降直角三角形，而且出现在反弹顶部，带有一定反转意味的直角三角形。前期已经卖出的短线投资者可暂时放弃该股，还未卖出的要抓紧时间。

下面再来看一个标准的上升直角三角形形态。

图 1-49 为 ST 摩登（002656）2021 年 9 月到 2022 年 4 月的 K 线图。

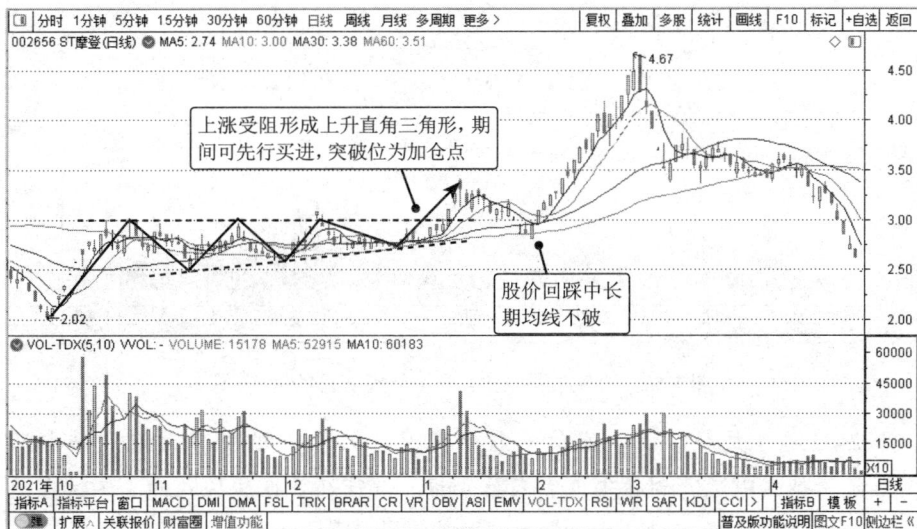

图 1-49　ST 摩登 2021 年 9 月到 2022 年 4 月的 K 线图

从图 1-49 中可以看到，ST 摩登的股价从 2021 年 9 月底开始反转上涨，很快便突破到中长期均线之上，随后在 3.00 元价位线附近受阻回调。

在后续两个多月的震荡过程中，该股始终无法有效突破该压力线，但低点却在一次次波动中向上移动，形成一个标准的上升直角三角形形态。

这时观察整体走势可以发现，股价大部分时间都踩在60日均线上，可见其支撑性还是有保障的。但由于成交量逐步缩减，短线投资者仍旧不能彻底确定变盘方向，所以，还是应以观望为主，有能力的可以先借助三角形形态进行波段操作。

进入2022年1月后，该股成功向上完成突破，不过在突破数日后小幅回踩，低点落到前期压力线附近止住，最终开启一波强势上涨。这就形成了两个清晰的买点，短线投资者可根据自身情况选择合适的位置买进。

接下来分析上升行情中的等腰三角形形态。

图1-50为上实发展（600748）2023年4月到9月的K线图。

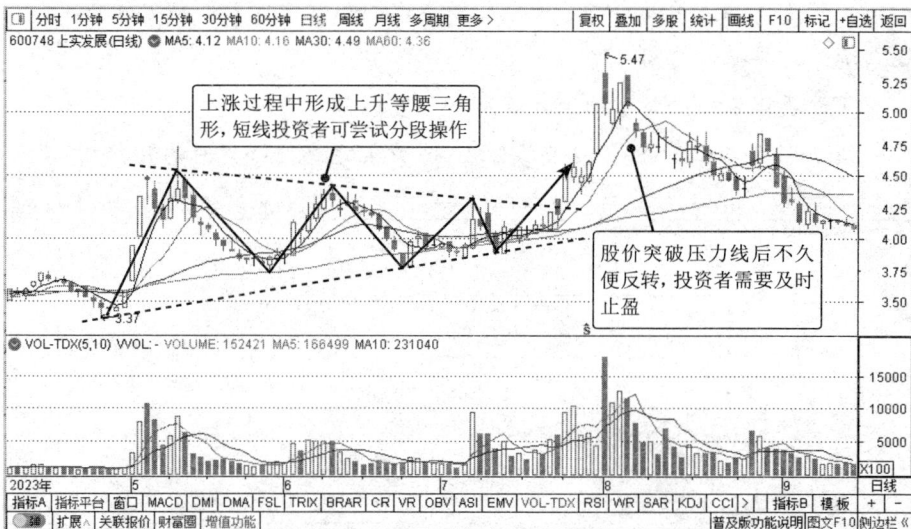

图1-50　上实发展2023年4月到9月的K线图

2023年4月底，上实发展的股价突兀开启了一波短期大涨，一举从3.50元价位线附近冲到4.50元价位线上方，涨速还是比较惊人的。不过在此处受阻后，该股拐头下跌形成回调，低点则落在60日均线上。

在后续近三个月的时间内，股价几乎一直保持在中长期均线上方大幅震荡，低点和高点都在朝中间收敛，分别将关键点连接起来，可得到一个上升等腰三角形形态。

从中长期均线的表现来看，该股后市向上突破的可能性较高，但也不排除向下跌破的可能。不过三角形构筑期间股价震荡幅度如此大，短线投资者也没必要等待变盘时机到来再行动，在震荡过程中就可以高抛低吸获利。

7 月中旬，随着成交量的放量支撑，股价成功向上实现突破，传递出清晰的买进信号。不过在进入 8 月后股价就有下跌迹象，短线投资者这时就可先行借高卖出，将前期收益落袋为安。

下面介绍下跌行情中的下降等腰三角形形态。

图 1-51 为华发股份（600325）2023 年 12 月到 2024 年 6 月的 K 线图。

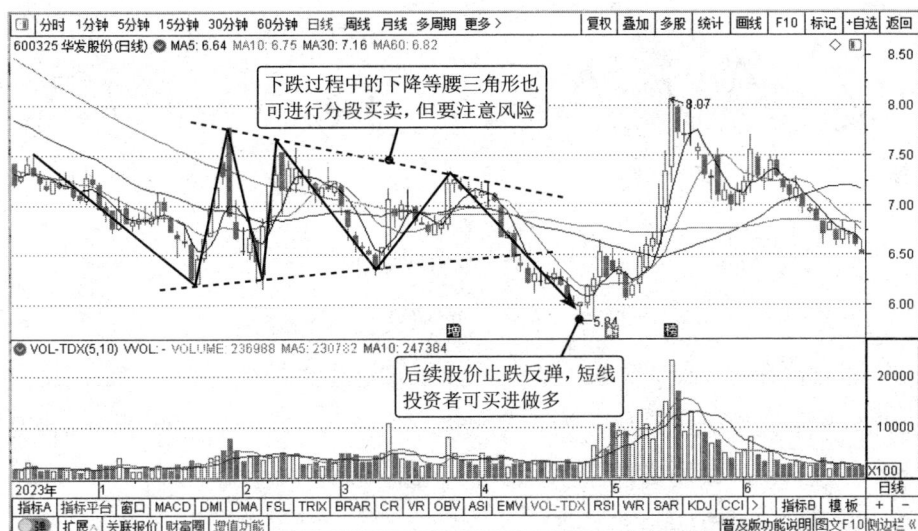

图 1-51　华发股份 2023 年 12 月到 2024 年 6 月的 K 线图

从图 1-51 中可以看到，华发股份这段下跌中的等腰三角形震荡幅度和上一个案例中的一样，都很适合短线投资者高抛低吸，而且股价的高点和低点明显向中间收敛，下降等腰三角形形态清晰。

同样观察中长期均线的表现就可以看出市场整体看跌的态度，此时股价有很大概率向下跌破，短线投资者在分段操作时就要格外谨慎。

2024 年 4 月上旬，股价接连下跌并跌破等腰三角形下边线，传递出下跌信号，短线投资者要注意止损。不过半个多月后股价在 6.00 元价位线下方不远处得到支撑后开始反弹，后续还成功突破了中长期均线，对于短线投资者来说是一个盈利机会。

1.3.3　上涨中的下降旗形与下降楔形

下降旗形与下降楔形都是上涨行情中会出现的回调整理形态。下降旗形指股价在震荡下跌的过程中低点和高点同步下移，若将这些关键点连接起来，会形成一组平行的轨道；下降楔形同样也是股价在下跌时高点和低点同步下移，但连接关键点形成的斜线会向中间收敛，如图 1-52 所示。

技术图示 下降旗形（左）与下降楔形（右）

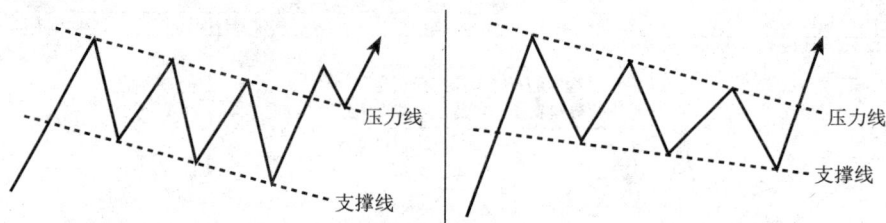

图 1-52　形态示意图

这两种形态在构成上稍有不同，但形成位置和传递出的信息都是一致的，即股价在回调结束后会回归上涨。不过这也不是绝对的，如果市场到变盘时依旧高度看跌该股，那么价格也有可能向下跌破，将整理形态转变为反转形态，短线投资者就必须及时卖出止损。

接下来通过真实的案例进行深入学习。

实例分析 上涨中的下降旗形与下降楔形实战

图 1-53 为万润科技（002654）2022 年 11 月到 2023 年 3 月的 K 线图。

从万润科技这段走势中的中长期均线表现来看，该股正处于上涨行情之中，期间股价虽有震荡，但都没有彻底跌破中长期均线，因此，短线投资者完全可以借此进行分段操作。

在 2022 年 12 月上旬，股价上涨至 5.50 元价位线附近后滞涨回调，下跌期间 K 线呈现出有规律的震荡，将震荡的高点和低点分别相连，会得到一个斜向下方的平行轨道，也就是下降旗形。

如果下降旗形的震荡幅度较大，短线投资者还有参与的可能，但这个下降旗形并不适合，所以，短线投资者还是应在高位离场后在场外保持观望，等待后续的突破时机。

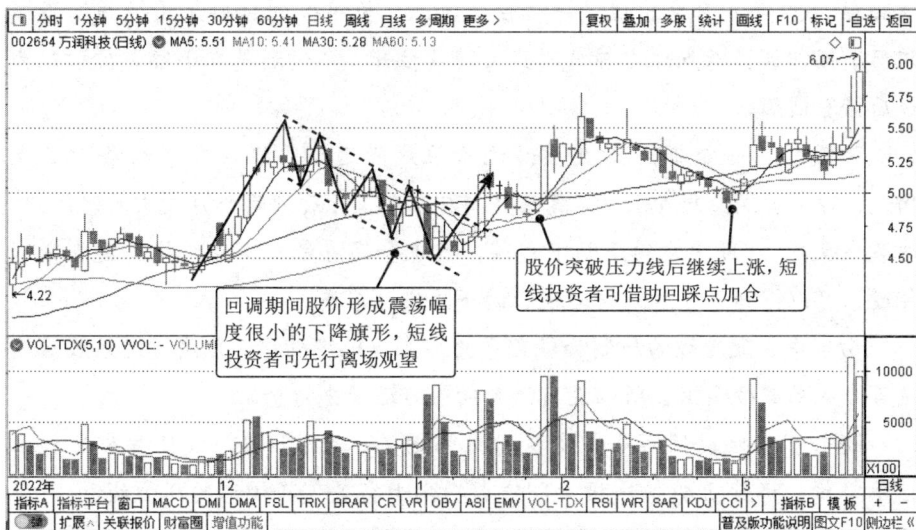

图 1-53　万润科技 2022 年 11 月到 2023 年 3 月的 K 线图

2023 年 1 月初，股价跌至 4.50 元价位线上后止跌企稳，并在数日后以一根长阳线成功越过下降旗形上边线，传递出突破信号。短线投资者既可以在此位置迅速跟进，也可以在后续股价回调企稳时买入。

图 1-54 为威龙股份（603779）2023 年 1 月到 6 月的 K 线图。

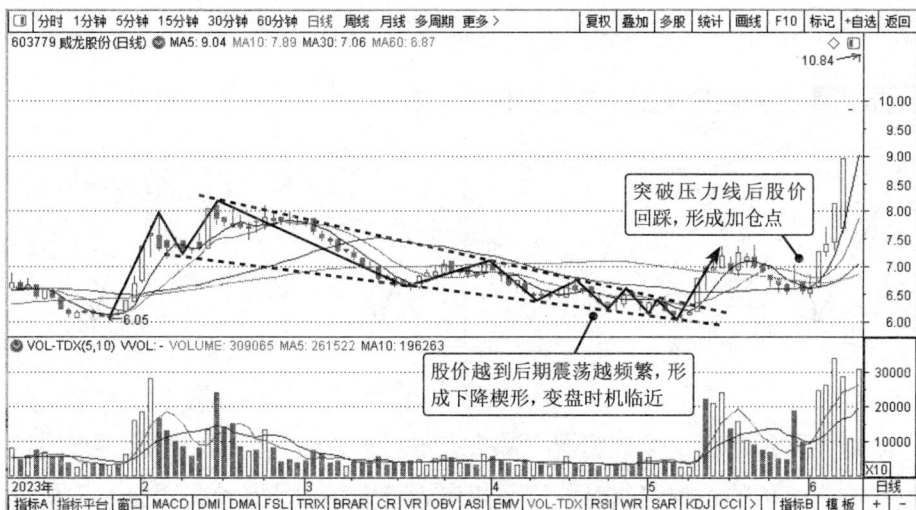

图 1-54　威龙股份 2023 年 1 月到 6 月的 K 线图

图1-54为一个构筑时间较长的下降楔形整理形态,从K线图中可以看到,该股在2023年1月底出现了一波快速上涨,价格来到8.00元价位线附近受阻后小幅回调,低点踩在5日均线上继续拉升,不过还是在小幅突破该压力线后滞涨回落。

该股的下一个低点落在6.50元价位线附近,已经跌破了两条中长期均线,对于短线投资者来说是需要先行撤离的。在后续两个月左右的时间内,该股多次在30日均线的压制下震荡,低点和高点都在下移,将关键点分别相连,可以得到一个构筑时间较长的下降楔形形态。

由于中长期均线的压制和成交量的缩减,短线投资者无法肯定该股后续是否会成功突破向上,所以没有清仓的最好还是先清仓。

随着震荡幅度的减小,变盘时机临近了。5月上旬,成交量突然放出巨量将价格迅速上推,一根大阳线成功向上突破下降楔形的压力线和30日均线,并在后续接连上升,即便是回踩也得到了中长期均线的支撑。

这就说明该股仍旧拥有不小的上涨潜力,且市场推涨动能充足,短线投资者可根据自身情况决定何时入场。

1.3.4 下跌中的上升旗形与上升楔形

上升旗形与上升楔形是股价在下跌过程中形成的反弹整理形态,其构造与下降旗形和下降楔形正相反,如图1-55所示。

技术图示 上升旗形(左)与上升楔形(右)

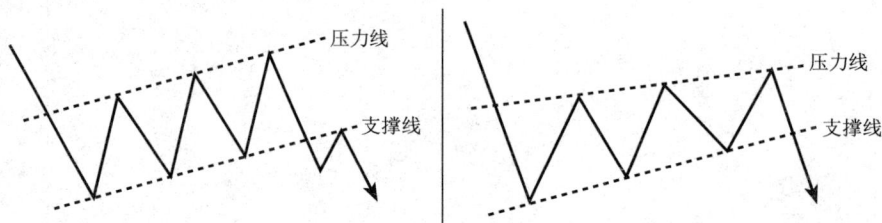

图1-55 形态示意图

这两种形态在大多数情况下都会在最后被跌破,但偶尔也会出现股价反转向上突破的情况,这时候短线投资者就要特别注意这是否是主力构筑的诱多陷阱,即便在突破位跟随买进后也要谨慎持股。当然,在正常向下跌破的情况下，短线投资者还是以及时撤离为佳。

接下来通过真实的案例进行深入学习。

实例分析　下跌中的上升旗形与上升楔形实战

图 1-56 为亿田智能（300911）2022 年 9 月到 2023 年 5 月的 K 线图。

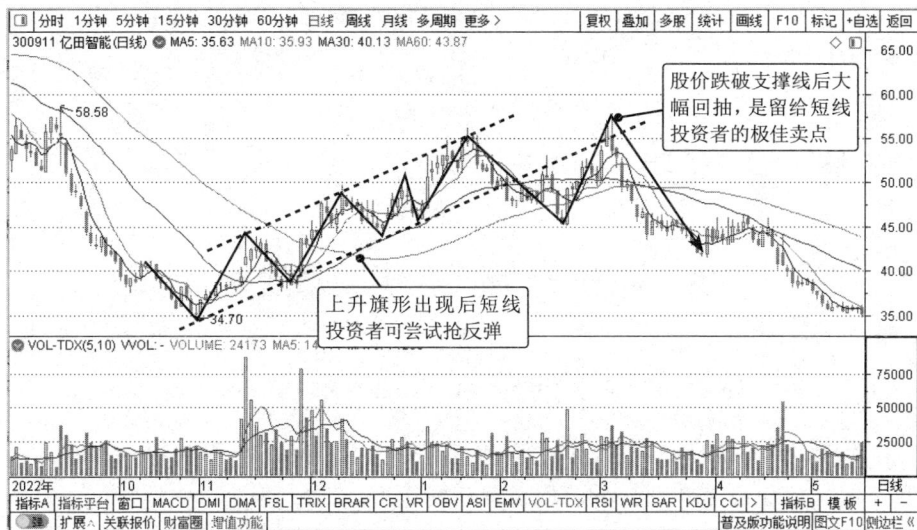

图 1-56　亿田智能 2022 年 9 月到 2023 年 5 月的 K 线图

从图 1-56 中可以看到，亿田智能的股价在 2022 年 9 月到 10 月正处于极为快速的下跌之中，不仅 K 线与中长期均线的距离较远，其自身的短期跌幅也是极大的，因此，短线投资者最好在场外观望。

不过在 10 月底，股价于 34.70 元的位置触底后开始反弹，很快便于 11 月中旬成功突破 30 日均线，说明这是一次比较强势的反弹，有盈利机会，短线投资者可尝试跟进。

随后股价也成功突破到 60 日均线上方，高点和低点都在震荡上扬，将关键点连接就构筑出了一个上升旗形。那么在股价跌破支撑线之前，短线投资者都可以保持持有或是分段操作。

2023 年 2 月初，股价向下跌破上升旗形下边线后不久再度反弹，虽然创出了近期新高，但实际上并未彻底突破上升旗形的下边线就拐头向下，反应快的短线投资者此时需要立即撤离，保住前期收益。

图 1-57 为威领股份（002667）2022 年 11 月到 2023 年 3 月的 K 线图。

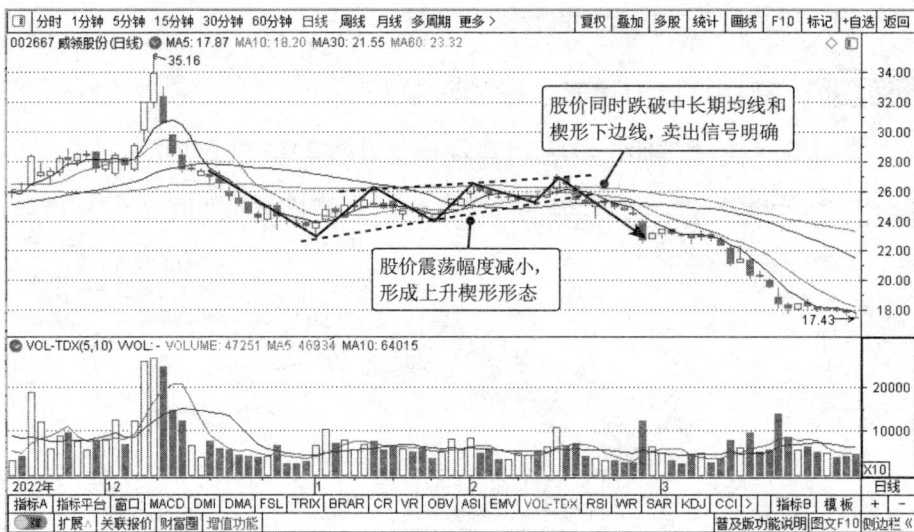

图 1-57　威领股份 2022 年 11 月到 2023 年 3 月的 K 线图

观察威领股份的这段走势，前期股价其实是站在中长期均线上方的，但在一次反转后将其跌破，并长期受到压制。

2023 年 1 月初，股价开始小幅反弹，但高点没能越过 60 日均线的压制。后来该股多次向上试探，也都无法实现突破，不过震荡的高点和低点都在缓慢上移，将关键点连接后得到了一个上升楔形形态。

很显然，在中长期均线保持稳定压制的情况下，股价大概率还是会跌破这个上升楔形的下边线。而且在此期间股价震荡幅度较小，不太适合短线投资者参与，因此，投资者还是先行卖出比较好。

2 月中旬，该股最终向下彻底跌破支撑线，回到下跌行情之中，中长期均线也构筑出空头排列的压制形态，警示短线投资者及时离场。

第 2 章

三大理论辅助高抛低吸

　　股市中存在大量的经典理论，它们很多都独立于技术指标存在，需要投资者自行对照股价走势进行分析，因此具有一定的实操难度，但只要投资者能够熟练掌握，这些经典理论也能发挥出极强的高抛低吸辅助作用。

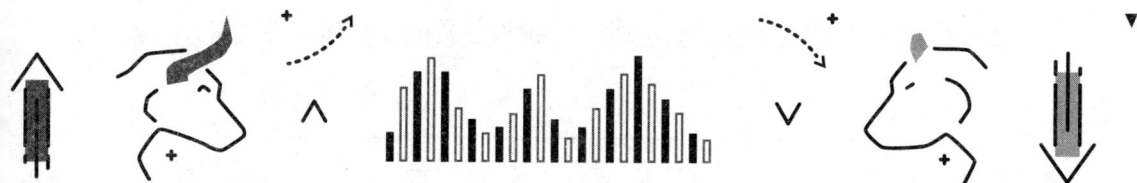

2.1 箱体理论关注突破位

箱体理论是一种股票运行理论，指的是当股价滑落到箱体的底部时会得到买盘的支撑而回升，当其上升到箱体的顶部时会受到卖盘的压力而下跌。一旦股价有效突破原箱体的顶部（底部），就会进入一个新的箱体里运行，原箱体的顶部（底部）将成为重要的支撑位（压力位）。

也就是说，箱体理论将一段完整的行情分为数段，每一段走势都有支撑位和压力位的存在。这就意味着箱体中的买卖信号是比较明显的，对短线投资者来说非常适用。

图 2-1 为上涨行情中出现的箱体形态。

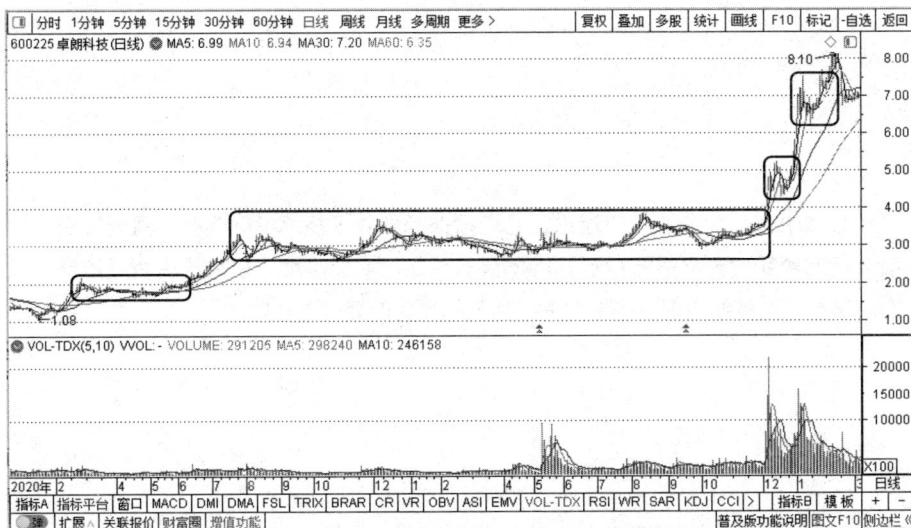

图 2-1　上涨行情中出现的箱体形态

从图 2-1 中可以看到，在一段完整的上涨行情中存在多个箱体，它们有大有小，有长有短，但基本上都能对内部的股价产生一定的限制作用。而且大箱体中还可能嵌套着许多小箱体，能够更细致地帮助短线投资者进行波段操作。

需要注意的是，由于箱体理论并非一个确切的指标，箱体范围和大小的划定具有一定的主观性，且随时可能根据股价的变动而扩大或缩小，所以，短线投资者也不可盲目按照箱体指示的信息买卖，而是要多结合场内其他的指标来综合分析。

2.1.1　K 线突破原有箱体压力线

在上涨行情中，多个箱体之间的衔接都是通过突破完成的。原有箱体的压力线一般是股价一次或多次上冲后未能突破的关键价位线，判断股价对该压力线的突破是否有效，可通过后续股价回踩企稳的走势来判断，如图 2-2 所示。

技术图示 **突破箱体前后的买卖点**

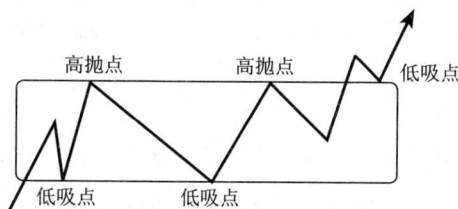

图 2-2　形态示意图

无论是在上涨行情还是在下跌行情中，K 线对原有箱体压力线的突破都是一个很好的买进信号。前者说明股价脱离原有价位区间，进入更高的区域内运行，短期涨幅可观；后者则说明股价可能即将进入强势反弹，或是转入新的上涨行情之中，同样适合短线投资者操作。

对于短线投资者来说，无论是何种行情，只要能够确定短期上涨，那么在箱体突破位、回踩位建仓或加仓都有机会获得收益。

当然，如果经验丰富的投资者能够在股价突破之前通过其他信号判断出即将突破的信号，比如股价低点上移、成交量大幅放量等，就可以在箱体被突破之前抢先买进。这样比较冒险，但可以有效降低持股成本，投资者需要根据自身情况衡量是否采用这种策略。

接下来通过真实的案例进行深入学习。

实例分析 **日播时尚（603196）上升行情中借助箱体买卖**

图 2-3 为日播时尚 2022 年 4 月到 11 月的 K 线图。

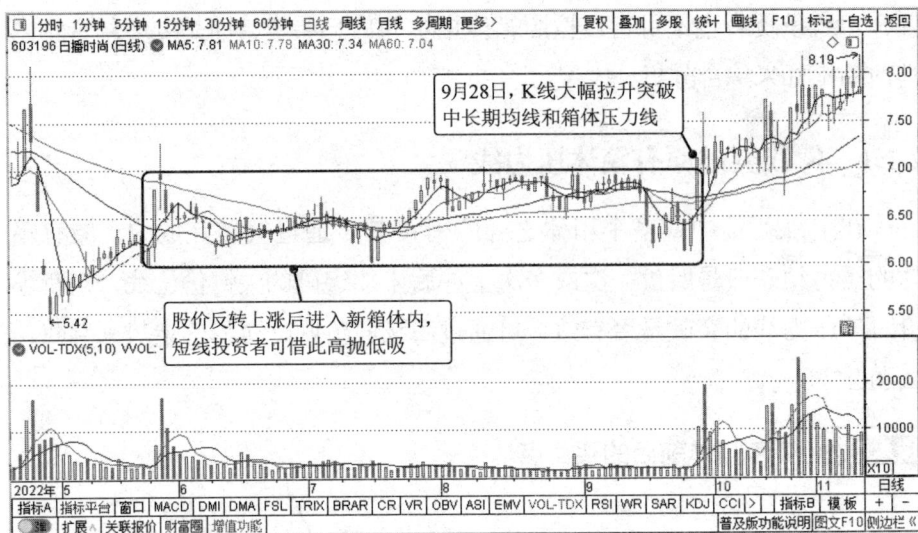

图 2-3　日播时尚 2022 年 4 月到 11 月的 K 线图

先来看日播时尚的股价从下跌中恢复过来后进入的第一个比较清晰的箱体。

2022 年 4 月底，该股在 5.42 元的位置止跌后反转，经历一个月的持续上涨后来到 30 日均线附近，小幅回调踩在 6.00 元价位线上继续上涨，但最终还是在 60 日均线上受阻下跌。

股价回调的第一个低点落在 6.00 元价位线上方不远处，随后再度上升，但依旧没能突破 60 日均线，而是继续下跌到 6.00 元价位线上企稳并反转，成功突破到中长期均线之上。

这时候，一个以 6.00 元价位线为支撑的箱体已经初见雏形，只是压力线还未清晰显现，但短线投资者也可以尝试着在股价突破中长期均线的同时建仓盈利。

7 月底，股价高点在 7.00 元价位线上长期受阻走平。这一压力线也正是 5 月底股价受 60 日均线压制而拐头向下的位置，因此，投资者可将其视作箱体的压力线。后续该股是否能够有更好的表现，就要看股价能否突破该价位线。

在 8 月，股价都保持在中长期均线和箱体上边线之间震荡，低点虽然在随着均线的上升而不断上移，但高点始终无法形成突破，因此，持股的短线投资者还是应先行离场观望，等待突破时机的出现。

9 月中旬，该股向下跌破中长期均线，但低点在箱体下边线上方止跌企稳，随后很快反转向上，在 9 月 28 日收出一根超长实体的阳线成功突破中长期均线和箱体上边线，这可能是下一波拉升在即的标志。

下面来看一下突破当时的分时走势。

图 2-4 为日播时尚 2022 年 9 月 27 日到 28 日的分时图。

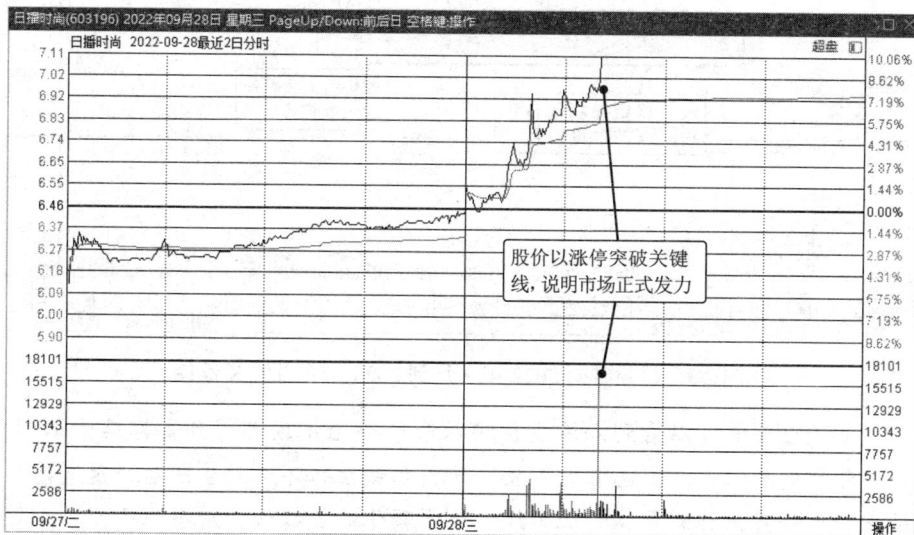

图 2-4　日播时尚 2022 年 9 月 27 日到 28 日的分时图

图 2-4 为该股落到箱体下边线附近止跌反转和突破压力线的两个交易日，从分时图中可以看到，股价在 9 月 27 日开盘后已经出现十分积极的拉升，后续回调结束后也在逐步向上攀升。

而到了 9 月 28 日，该股更是在成交量的波段放量支撑下快速上涨，最终到达涨停板上。在涨停的同时，成交量形成的单根巨大量柱说明市场已经开始大力注资，该股后市有很大的上涨潜力。反应快的短线投资者完全有机会在彻底封板之前买进，没抓住这一机会的投资者也可以等待后市股价回踩箱体的机会。

回到 K 线图中继续观察，该股在数日之后就回头落到上一个箱体的上边线附近得到支撑，并在震荡一段时间后继续上涨。接下来观察下一个箱体内股价的表现。

图 2-5 为日播时尚 2022 年 9 月到 2023 年 4 月的 K 线图。

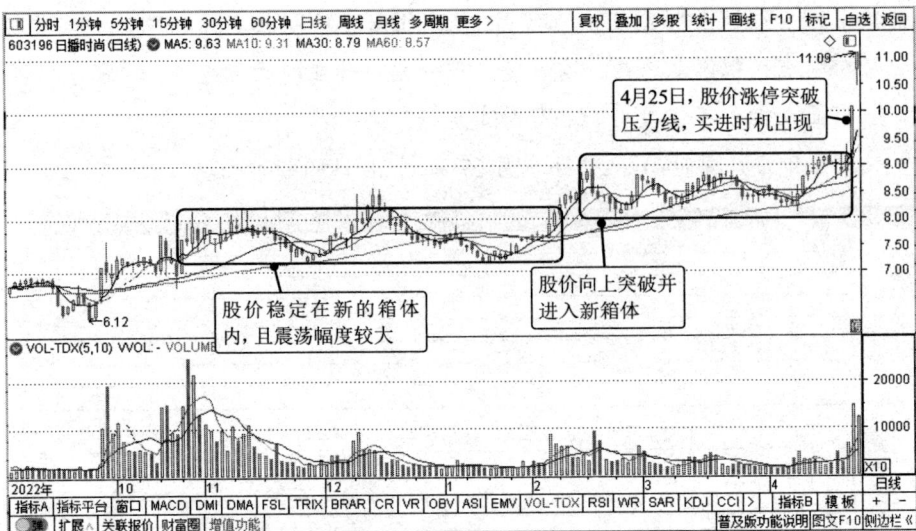

图2-5　日播时尚2022年9月到2023年4月的K线图

从图2-5中可以看到，该股在回踩第一个箱体顶部得到支撑后于10月底上升到更高位置，但也很快在8.00元价位线上方不远处受阻后横盘震荡。投资者可将其视作新箱体的压力线，至于箱体的支撑线，应当位于前一个箱体的上边线附近。

11月中旬，股价滞涨结束进入回调，低点踩在60日均线附近，其位置距离前一个箱体的压力线不远，因此，可视作新箱体的支撑线。那么当股价得到支撑继续上涨时，短线投资者就可以尝试建仓做多，等到其上涨至箱体压力线附近受制后再卖出即可。

12月上旬，该股在接触到箱体压力线后小幅突破，但最终还是收阴下跌，提示短线投资者止盈卖出的同时，也更加确定箱体压力线处存在的强劲抛压。

进入2023年1月后，股价踩在箱体支撑线上再度向上发起冲击，这一次成功突破到压力线上方，且很快完成回踩确定突破成功，那么短线投资者就可以抓住时机在突破位或回踩位建仓跟进。

新箱体的上下边线很好确定，因为股价后续的震荡十分具有规律性。不过由于该股在这个箱体内的震荡幅度不大，短线投资者操作起来很有难度，所以，经验不足的投资者可撤离到场外观望，等待下一次突破。

下一次突破出现在4月下旬，成交量突然接连放量，推动股价出现短期暴涨，甚至形成向上跳空的缺口。

下面来看突破当时的分时走势。

图 2-6 为日播时尚 2023 年 4 月 24 日到 26 日的分时图。

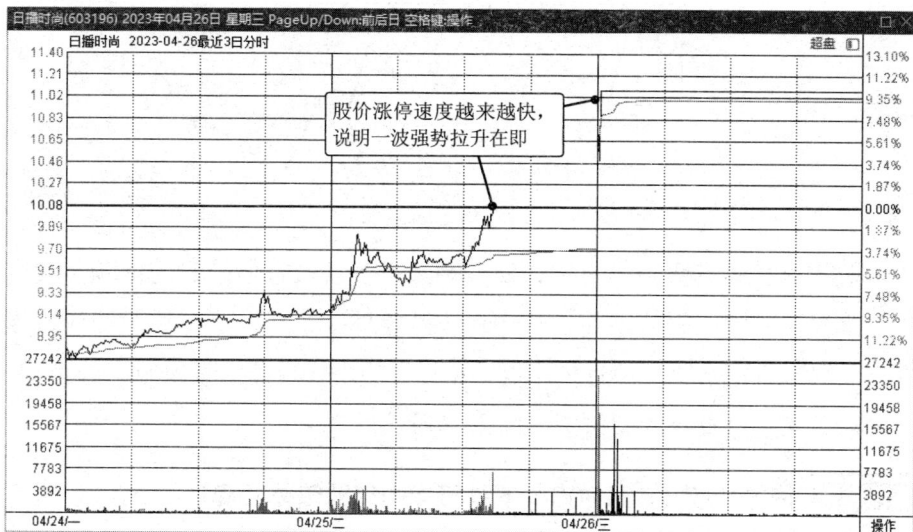

图 2-6　日播时尚 2023 年 4 月 24 日到 26 日的分时图

4 月 24 日，股价还位于上一个箱体的压力线下方向上试探，当日涨幅并不算大。但在 4 月 25 日，即突破的第一个交易日，该股开盘后不久就出现了直线式拉升，最终更是以涨停收盘，当日的阳线已经彻底突破到箱体下边线上。所以，无论是从分时走势还是从 K 线图上来看，短线投资者都可以在这一交易日迅速跟进。

4 月 26 日该股跳空向上开盘后迅速拉升并涨停，只留给投资者一两分钟的时间挂单跟进，可见此次拉升的迅猛程度。没能抓住时机的投资者只能继续挂单尝试，或是等待开板交易。

2.1.2　行情转势箱体底部被跌破

无论在上涨行情还是在下跌行情中，只要股价最终将箱体的支撑线彻底跌破，就意味着一个短期卖点的出现，对于短线投资者来说更是一个清晰的止损点。

除此之外，箱体内还有很多的买卖点，如图 2-7 所示。

技术图示 **跌破箱体前后的买卖点**

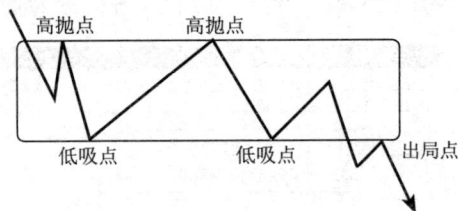

图 2-7　形态示意图

短线投资快进快出的特性，使得短线投资者对行情趋势的依赖性没有中长线投资者那么强，因此，即便在下跌箱体中也可以进行波段操作，但面临的风险肯定会比上涨行情中高，所以，投资者更要注意及时止盈止损。

接下来通过真实的案例进行深入学习。

实例分析 **南方传媒（601900）下跌行情中借助箱体买卖**

图 2-8 为南方传媒 2023 年 6 月到 2024 年 2 月的 K 线图。

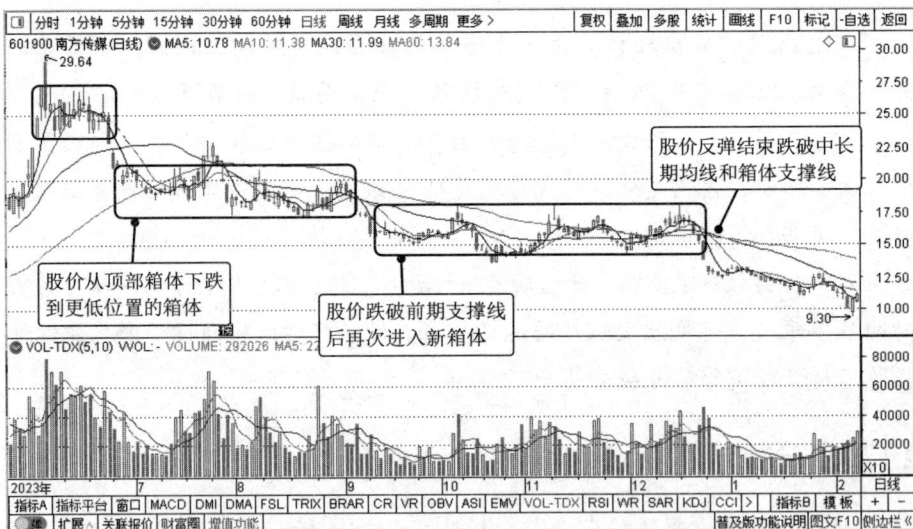

图 2-8　南方传媒 2023 年 6 月到 2024 年 2 月的 K 线图

在南方传媒的这段走势中，该股于 2023 年 6 月发生行情反转。价格先是创出 29.64 元的新高，随后拐头向下，跌到 25.00 元价位线下方不远处止跌，开始横盘滞涨，形成一个范围较小的箱体。

原本当前行情是处于上涨的，股价应该在后续向上突破。但由于成交量的持续缩减和市场多方推涨力度的下降，其中或许还有主力在出货，该股最终还是在 6 月底跌破了箱体的下边线，形成卖出信号，此时短线投资者要抓紧时间止损撤离。

从后续的走势中也可以看到，该股在不久之后就跌到了两条中长期均线下方，经过反复震荡后向上反弹，却没能越过 60 日均线和上一个箱体的下边线，由此彻底确定下跌行情的成型。

这时候，投资者就可以将股价止跌反弹的起点和高点视作新箱体的支撑线和压力线，借此预测后市该股的震荡。

不过该股下一次形成的低点稍低于前期，高点也有所下移，说明市场压力还是很大的。短线投资者要注意将箱体的压力线和支撑线稍微下移，以契合当前的震荡，经验丰富的投资者可尝试短期参与抢反弹。

8 月底，股价连续收阴向下跌破箱体支撑线，落到 15.00 元价位线附近震荡，高点依旧在中长期均线上受阻。短线投资者应当对此早有预料，那么就可以在卖出后规划下一个箱体的范围，等待时机。

这一个箱体的上边线位于 17.50 元价位线附近，下边线在 15.00 元价位线附近，因为股价曾多次在这两条线上停驻。这段时间内股价反弹频繁，短线投资者也有机会盈利，但还是要注意在后续股价又一次收阴跌破支撑线的同时卖出。

2.2　波浪理论注意规律性

波浪理论是一种趋势性理论，认为股市的每个完整循环都会分为几个波段，并且时间的长短不会改变波浪的形态，波浪可以拉长，也可以缩短，但其基本形态永恒不变。

波浪理论将一段完整的涨跌周期分为八段，在上涨周期中有五个波段，浪 1、浪 3、浪 5 是上升的，属于驱动浪（又称推动浪），浪 2、浪 4 是下跌的，属于调整浪，浪3不可以是最短的一个波浪。下跌周期则由三个浪构成，用A、B、C表示，其中浪A、浪C是下跌浪，也就是驱动浪，浪B是上升浪，属于调整浪，如图2-9所示。

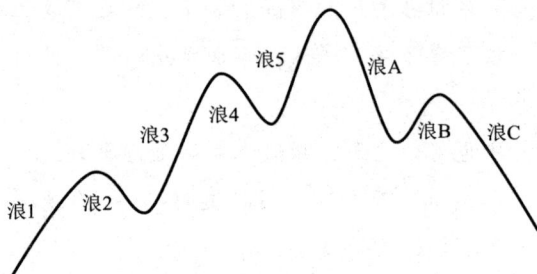

图 2-9　波浪理论的形态

波浪理论中允许大小浪的嵌套，即大浪中有中浪，中浪中有小浪，小浪中还有超小浪，许多小浪共同组成几个波段大浪。

这样一来，一个完整的八浪循环可能持续数年，也可能短至数月，一个阶段顶部形成的涨跌变化就可能造就一个八浪循环。因此，波浪理论适用于大部分的投资者，特别是短线投资者，他们更关注小循环重点关注小循环。

然而，短线投资者也并非不能在大型八浪循环中找到合适的买点。仔细观察八浪循环可以发现，浪3和浪5在形成时，都会对前面的波浪顶端形成突破，就连浪1在起始时，也会对前期高点有所突破；而下跌趋势中的浪B则有可能实现对中长期均线的突破。

因此，若短线投资者参与到了一个大型八浪循环中，也可以利用这些突破形态寻找合适的建仓和加仓点。

2.2.1　上升趋势推动浪低吸

上升趋势中的推动浪为浪1、浪3和浪5，这三浪负责拉升，也是整个八浪循环中最具投资价值的三浪。因此，对于短线投资者而言，抓住时机至关重要。投资者应该在这三浪出发时，甚至出发之前进行低吸建仓，以期抓住后续涨幅。

下面来看上升趋势推动浪中存在的多个适合短线投资者的低吸点和稳

妥买点，如图 2-10 所示。

其中，浪 2 底部和浪 4 底部是推动浪的起始点，也是短线投资者最理想的抄底点。但要抓住这两个买点并不容易，投资者不仅要对买卖力度和供需关系对股价的影响有精准的把握和及时定位买点，还要确保在买进后不被套在半山腰，因此，对分析能力有极高的要求。

技术图示 **上升推动浪的不同买点**

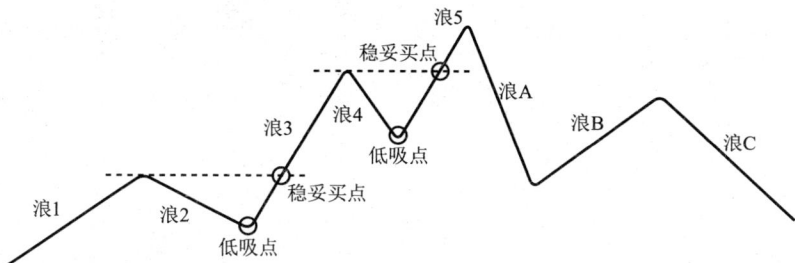

图 2-10 形态示意图

因此，大部分投资者是在浪 1、浪 3 和浪 5 出现雏形之后才跟进的，其实这样也更为稳妥。待到股价分别上涨突破浪 1 和浪 3 顶部，对应的浪形就可以得到确认，短线投资者还可以加仓。

不过，在八浪循环开始构筑时，很多投资者是看不出个股在未来是否能够走完整个循环的，而且也不能完全确定每一浪的具体起始点。因此，投资者只能进行初步假设，然后在股价运行过程中不断验证、推翻、再假设、再验证……直至八浪循环结束，才能彻底确定每一浪的走势。

这个过程比较考验投资者的技术分析功底，而且对风险承受能力和心理素质也有一定的要求。不过对于短线投资者来说没有那么大的限制，毕竟短线投资者不会持股到最后一浪才卖出，只要能够抓住其中一段或几段推动浪就可以了。

为更好地解析波浪循环中不同位置的短线买卖点，本节波浪理论中附带的案例已经形成了一个或多个完整的波浪循环。但在实战中没有这样的俯瞰视角，需要投资者自行分析和判断波浪的形态，不过买卖技巧是相通的。

接下来通过真实的案例进行深入学习。

实例分析 盛天网络（300494）上升驱动浪中的短线买点

图 2-11 为盛天网络 2022 年 12 月到 2023 年 10 月的 K 线图。

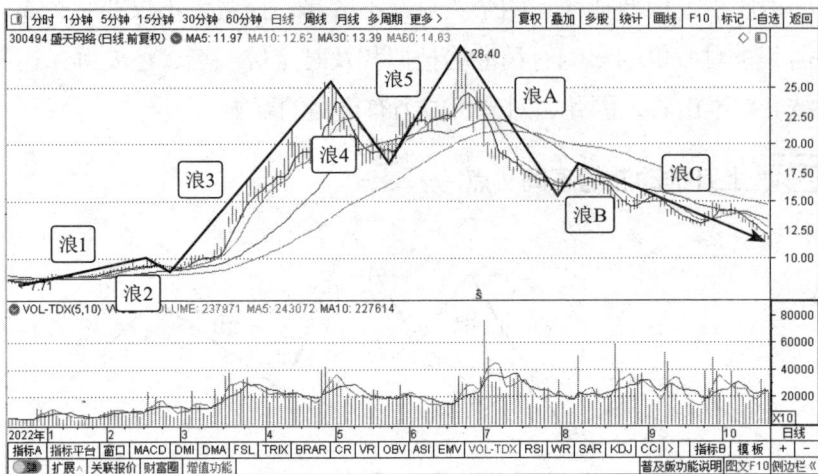

图 2-11　盛天网络 2022 年 12 月到 2023 年 10 月的 K 线图

先来整体观察盛天网络近一年的 K 线走势，投资者可以清晰地分辨出一个超大的波浪循环体系。每一个波浪中都存在大量次一级震荡，但都不影响形态的成立。那么在这种大循环中，短线投资者应当如何借助上升驱动浪低吸呢？下面就来放大上升期间的浪形仔细分析。

图 2-12 为盛天网络 2022 年 12 月到 2023 年 7 月的 K 线图。

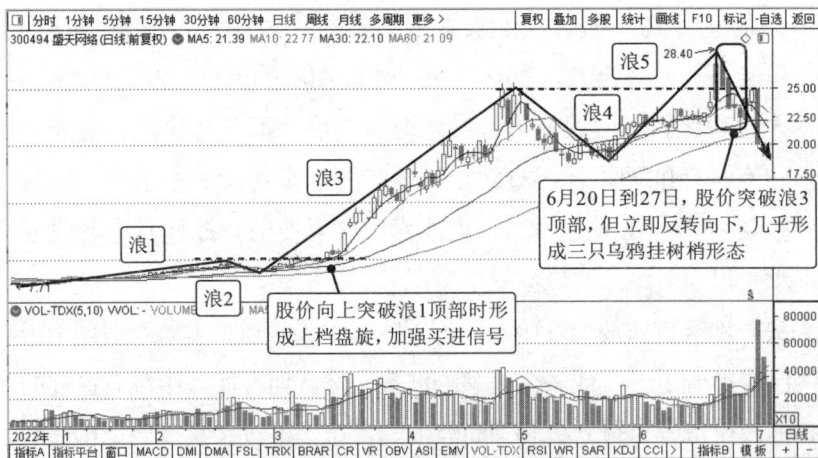

图 2-12　盛天网络 2022 年 12 月到 2023 年 7 月的 K 线图

在这个大循环中，浪 1 的起始位置在 8.00 元价位线下方不远处。股价在 2022 年 12 月底成功突破中长期均线后开始缓步拉升，一路上涨至 10.00 元价位线附近才止涨回调，低点落在 30 日均线上。

按照一般逻辑推断，即便该股未来无法形成一个完整的波浪循环（事实上当时投资者也无法确定），股价在中长期均线上得到支撑继续上涨的走势也足以催动短线投资者建仓跟进。

况且在上涨至 10.00 元价位线上横盘一段时间后，该股还收出一根实体较长的阳线向上突破，结合前期的上涨靠近压力线的阳线和横盘小 K 线来看，构筑出的是上档盘旋形态，更加确定买进信号的可靠。

该股此后的上涨速度有了明显加快，且涨势还非常稳定。别看 K 线在此期间多次收阴小幅下跌，但都没有带动两条短期均线形成过交叉，可见市场是高度看好该股的，这些震荡正好可以当作短线投资者分段买卖的高抛低吸点。

2023 年 4 月底，股价已经来到 25.00 元价位线附近，相较于前期的 10.00 元价位线来说已经翻了 2.5 倍，涨幅极为惊人，即便是分段买卖的，赚取的收益也不少。那么当股价在该价位线处受阻下跌，带动短期均线形成死叉时，短线投资者就可以先行卖出止盈。

这一次股价跌到 20.00 元价位线下方才企稳横盘，并于 5 月底继续上涨，形成短期低吸信号。这个时候只要回看股价走势，会发现该股已经构筑出了符合波浪理论要求的浪 1、浪 2、浪 3 和浪 4，连浪 5 也正在形成。那么以此为基础进行假设，股价就有可能在这一波上涨结束后转为下跌。

当然，如果该股还能在此次上涨结束后继续拉升，浪 5 就不成立，投资者可将其归为一个超大浪 3 中的次一级震荡，或者将前面判断的多个浪形推翻，重新规划整个波浪循环。这就是前面理论提到过的多次假设和推翻的过程，实操中具有很大难度，短线投资者不必追求完美，只要能够尽可能抓住每一波上涨就足够了。

继续分析后续走势。股价在 22.50 元价位线上短暂整理后快速上涨，在 6 月 20 日以一根超长大阳线成功突破浪 3 顶部。

这原本是一个极佳的推动浪买点，但在此之后股价就反转收阴下跌，第二根阴线已经跌下 25.00 元价位线，第三根阴线更是差一点和前面的 K 线结合形成三只乌鸦挂树梢形态。

下面来看一下这几日的分时走势。

图 2-13 为盛天网络 2023 年 6 月 20 日到 27 日的分时图。

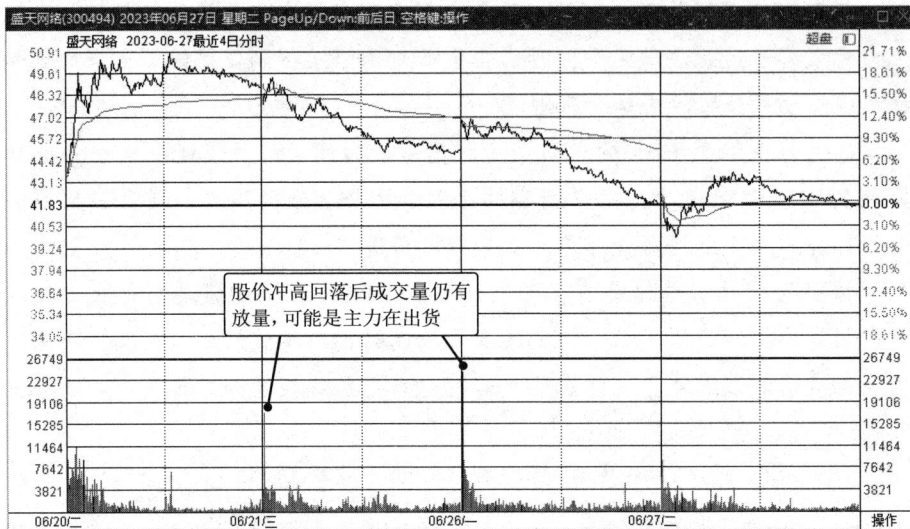

图 2-13　盛天网络 2023 年 6 月 20 日到 27 日的分时图

6 月 20 日，股价前期涨速极快，成交量也有集中放量支撑，虽然后续有回调，收盘价也是远高于开盘价的。然而在次日，成交量在开盘后放出一根大量柱，将价格短暂上推后快速下压，直至收出长阴线。

6 月 26 日的走势延续了前期的下跌，股价以稍高的价格开盘后依旧长期震荡下跌，同时成交量放量更加剧烈，很难不让人想到是主力借高出货导致的。

6 月 27 日的股价虽有上涨，但最终依旧以低价收出阴线，完全没有缓解抛盘压力。结合 K 线图中股价跌破浪 3 顶部的走势来看，这极有可能是浪 5 结束，浪 A 成型的标志，短线投资者需尽快出局。

2.2.2　上升趋势调整浪高抛

上升趋势中的调整浪为浪 2 和浪 4，其实就是两次幅度较大的回调，而回调的初始位置却是短线投资者兑利的关键。

一般来说，一段比较完整、标准的八浪循环需要持续数月之久，短线投资者不可能如中长线投资者那样买进后就不顾回调带来的损失，因此，还是有必要规划卖点的，如图 2-14 所示。

技术图示　**上升调整浪的不同卖点**

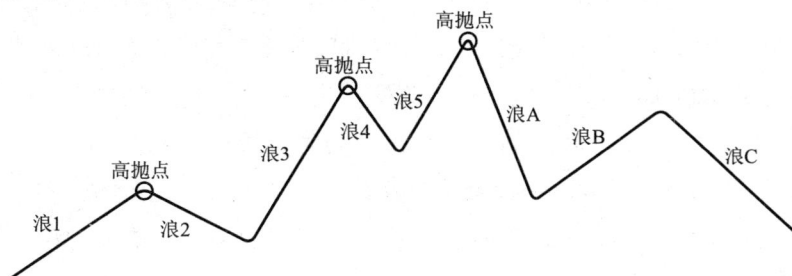

图 2-14　形态示意图

其实上一节内容中已经涉及了调整浪顶部的卖点，不过本节还是通过案例来帮助短线投资者进一步加强对波浪循环的判断能力，以及提升操作技巧及成功率。

接下来通过真实的案例进行深入学习。

实例分析　**百川股份（002455）上升调整浪中的短线卖点**

图 2-15 为百川股份 2024 年 2 月到 7 月的 K 线图。

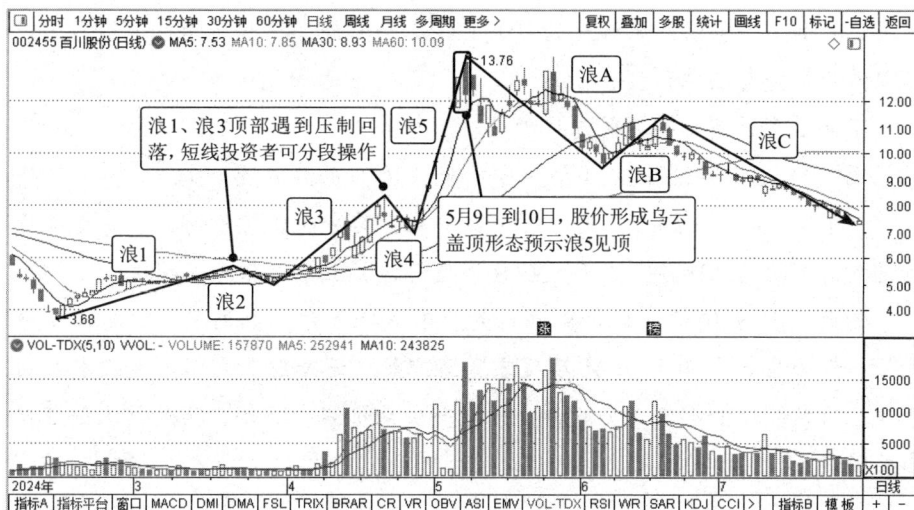

图 2-15　百川股份 2024 年 2 月到 7 月的 K 线图

2024 年 2 月中旬，百川股份的股价在 3.68 元的位置结束上一波下跌，开始逐步收阳回升并靠近 30 日均线，这时已经有不少短线投资者跟进了。不过第一波上涨没能成功突破，该股是在 3 月上旬越过其压制的。

3 月中旬，股价又在 60 日均线上受阻回调。原本 60 日均线就是一条比较难突破的压力线，结合前期涨幅和持股时间来看，短线投资者还是可以借此机会先将前期收益兑现，随后保持观望。

3 月底，股价低点踩在 30 日均线上得到支撑后继续向上，数日后就成功越过 60 日均线，进入下一波强势拉升之中。这一次该股上涨到 8.00 元价位线附近后才形成比较明显的回调走势，短线投资者可迅速卖出兑利。

4 月底，股价继续上涨并突破前期高点后，此时短线投资者就可以看出一个构筑到一半的波浪循环了。且浪 5 已经成功越过浪 3 顶部，目前为止的上升浪都还比较标准，那么投资者就可以在买进后将浪 5 顶部视作行情转折点，看后续发展如何。

这一个浪 5 的表现还是比较惊人的，股价收出多根涨停 K 线，短时间内就冲到 12.00 元价位线上方。不过就在冲上该价位线的次日，K 线反转收出一根长阴线，实体位于前一根阳线的右上端，收盘价深入阳线实体内部一半以上，构筑出乌云盖顶反转形态。

结合前面投资者对浪 5 反转的判断来看，这极有可能是股价即将下跌的标志。再加上当前短线投资者的收益已经足够丰厚，持股时间也不短，正好可以借此机会卖出兑利。

下面来看这两日的分时走势卖点。

图 2-16 为百川股份 2024 年 5 月 9 日到 10 日的分时图。

5 月 9 日是股价仍在上涨的一个交易日，其分时走势没有太多异常，市场延续前期的追涨热情，在开盘后就将股价急速上推至涨停板后收盘。

但到了 5 月 10 日，股价以高价开盘后立即下跌，落到某一位置又反转向上，创出当日新高 13.76 元后反复震荡，最终还是拐头向下形成跳水式的下跌。后续即便能够回升，股价也没能突破均价线的压制，而是拐头下跌收出长阴线。

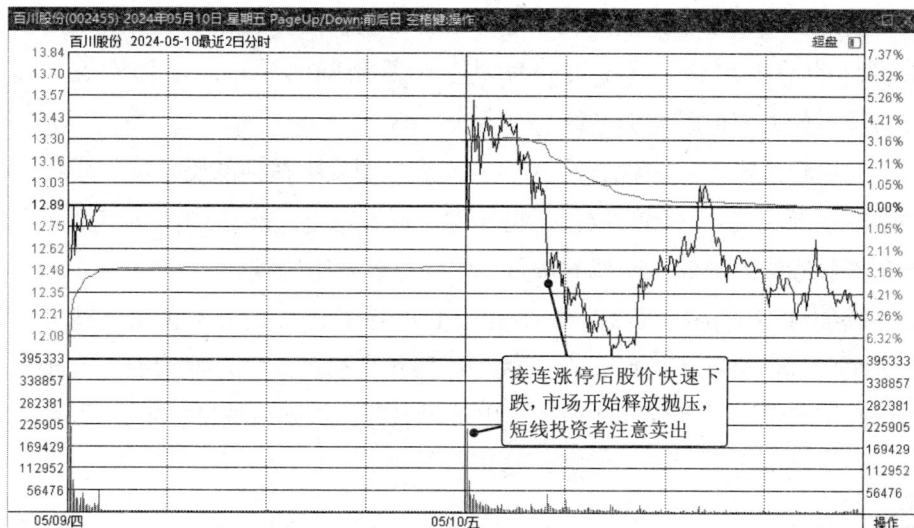

图 2-16 百川股份 2024 年 5 月 9 日到 10 日的分时图

结合前日积极的涨停走势来看，这就是一个非常值得警惕的主力诱多陷阱。但好在当日价格尚未下跌太多，反应过来的短线投资者还有机会迅速卖出，以保住前期收益。

2.2.3 下降趋势推动浪高抛

下降趋势中的推动浪为浪 A 和浪 C，主要负责延续下跌趋势。其中的浪 A 更是与浪 5 衔接，预示着上涨趋势的结束及下跌行情的开启，对于短线投资者来说是很重要的卖出节点。

下面展示下降趋势推动浪所预示的高抛点，如图 2-17 所示。

技术图示 下降推动浪的不同卖点

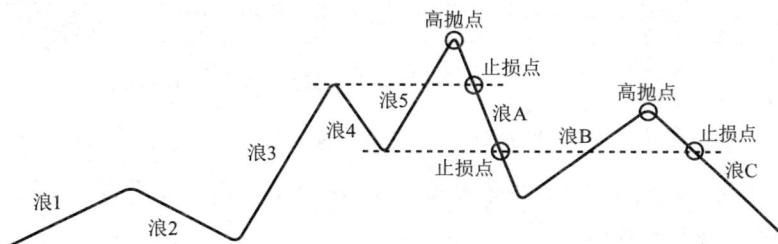

图 2-17 形态示意图

要准确判断出下跌浪来临不是那么容易的，投资者除了需要规划出波浪循环的前半部分，还需要借助其他因素来辅助分析，比如均线、成交量等，相关理论和案例已经有过多次介绍。

对于短线投资者来说，浪 A 中的卖点主要集中在顶部反转位、股价跌破浪 3 顶部和浪 4 底部的位置，越早卖出损失越小；浪 C 中的卖点则在反弹顶部和股价跌破浪 4 底部的位置，同样是越早出局越好。

需要注意的是，很多时候浪 A 的低点并不会跌破浪 4 底部，甚至连浪 3 顶部都不会跌破，而是在下跌一小段距离后就反弹形成浪 B。因此，短线投资者绝不可死板等待止损点出现再撤离，否则可能遭受更大损失。

接下来通过真实的案例进行深入学习。

实例分析 宁德时代（300750）下降推动浪中的短线卖点

图 2-18 为宁德时代 2021 年 4 月到 2022 年 5 月的 K 线图。

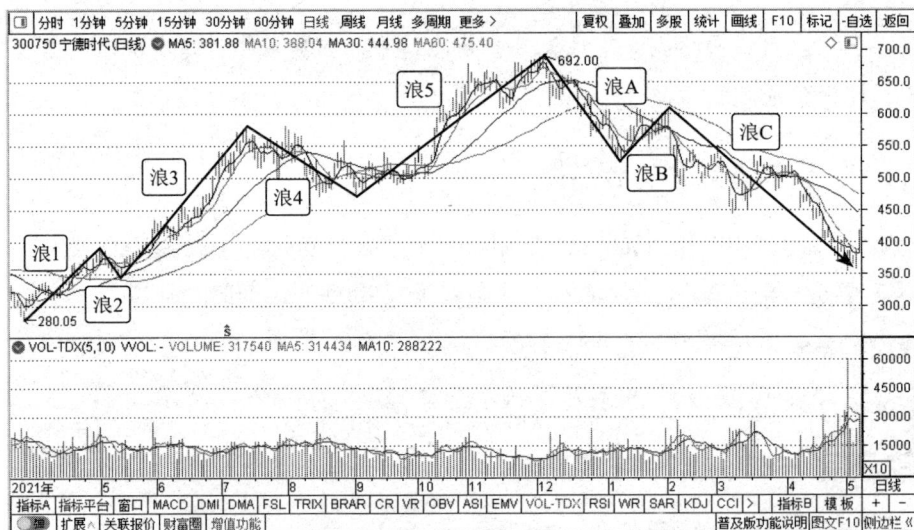

图 2-18　宁德时代 2021 年 4 月到 2022 年 5 月的 K 线图

在宁德时代的这段长期走势中，投资者可以从全局视角看到一个非常大的波浪循环，其中的上升浪涨势稳定且涨幅较大，短线投资者若能分段参与，赚取的收益会非常可观。

下面就放大下跌浪的走势，观察其中存在的高抛点和止损点。

图 2-19 为宁德时代 2021 年 7 月到 2022 年 4 月的 K 线图。

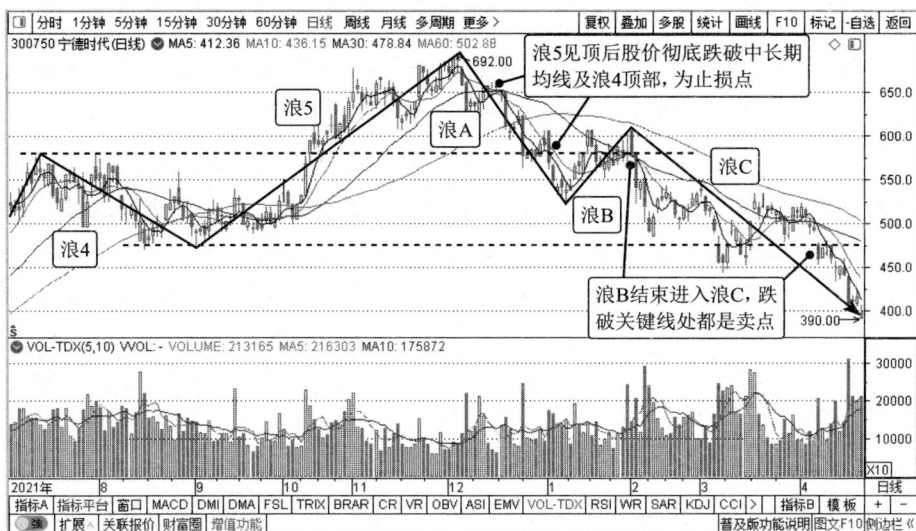

图 2-19　宁德时代 2021 年 7 月到 2022 年 4 月的 K 线图

先来定位浪 3 的顶部和浪 4 的底部，从图 2-19 中可以看到，该股于 2021 年 7 月下旬在 575.00 元价位线附近滞涨后反复震荡，最终拐头向下，低点落在 475.00 元价位线附近企稳。

从图 2-18 中展示的波浪循环来看，575.00 元价位线和 475.00 元价位线就是两条提醒短线投资者及时止损的关键线。不过在关键线出现当时，投资者还不清楚这一点，甚至不能断言波浪循环会成型。因此，当浪 5 结束浪 A 开启后，许多投资者才会开始回头寻找关键价位线。

来看浪 5，股价在浪 4 底部反复震荡后继续上冲，很快便成功突破浪 4 顶部并持续创出新高。然而在 692.00 元处触顶后股价拐头向下，第一波下跌就击穿了 30 日均线，后续虽有多次反弹，但都没能成功回升，而是继续向下跌破 60 日均线。

这时行情转势的可能性就比较大了，多数短线投资者应当在此时就尽快卖出。回头分析前期走势也可以看出大半个波浪循环。因此，当股价形成浪 A 下跌靠近浪 3 顶部，最终小幅反弹失败继续跌破时，还未离场的短线投资者也要立即止损撤离。

从后续的走势中可以看到，该股尚未跌破浪 4 底部就开始转向反弹构筑浪 B，但高点也只是接近 60 日均线，并未成功突破，很快就回归下跌形成浪 C。

这是对下跌行情的进一步确认，当浪 C 再次跌破浪 3 顶部时，无论是被套的还是抢反弹的短线投资者都要立即撤离。

直到此时，前期浪 4 的底部都没有被跌破，说明股价第一波下跌还是给投资者留有一定止损余地的。而且短线投资者也等不到那时才卖出，毕竟当该股跌破 475.00 元价位线时，中长线投资者的损失都极大了。

如此大的波浪循环，就算能够及时规划出循环路径，但下跌浪中的止损点对于短线投资者来说还是不太及时，那么投资者就可以尝试着寻找大波浪中的小波浪，从而更快地实现兑利。

下面来看宁德时代这段大波浪顶部嵌套的小波浪。

图 2-20 为宁德时代 2021 年 9 月到 2022 年 1 月的 K 线图。

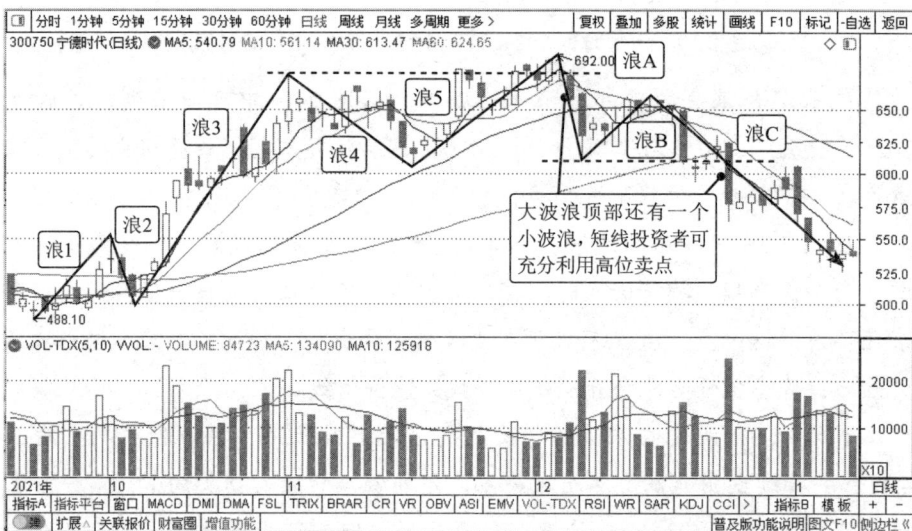

图 2-20　宁德时代 2021 年 9 月到 2022 年 1 月的 K 线图

2021 年 9 月底到 10 月初的上涨原本是大波浪中浪 5 的起始点，但当投资者把划定范围缩小，寻找其中的小波浪时，就可以发现在大浪 5 中存在很多次一级震荡。若按照一定的规律将其分段，就可以得到一个小的波浪循环。

同样的，当股价创新高后反转下跌并跌破小浪 3 顶部时，短线投资者就可以不管大波浪如何运行，先兑利出局再说。后续股价反弹不过前期高点，回归下跌后跌破浪 A 底部时，投资者也应当采用同样的止损操作。

2.2.4　下降趋势调整浪低吸

下降趋势中的调整浪只有浪 B，对于大部分投资者来说，浪 B 顶部是否能够突破前期高点，是判断下跌趋势是否彻底形成的重要依据，很多投资者，尤其是中长线投资者是不会将其当作获利机会的。但只要操作得当，短线投资者还是有一定的盈利机会。

浪 B 中的买点如图 2-21 所示。

技术图示　下降调整浪的不同买点

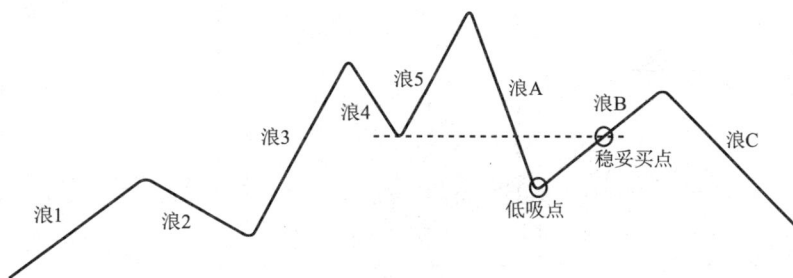

图 2-21　形态示意图

不过股价走势变幻莫测，投资者的具体决策也会根据个人操作风格的不同而相差甚远。在浪 B 的起始位置，一些短线投资者可能是判断失误才加仓跟进，另一些短线投资者可能是要抢反弹而建仓入场的。

那么当浪 B 成功越过浪 4 底部或是浪 3 顶部（若浪 A 没有跌破浪 4 底部，反弹也没有到达浪 3 顶部，则这两个买点不存在），短线投资者可以尝试加仓，在浪 B 见顶后卖出即可。误入场内的投资者也要及时跟随卖出，避开后市下跌。

接下来通过真实的案例进行深入学习。

实例分析　圣龙股份（603178）下降调整浪中的短线买点

图 2-22 为圣龙股份 2023 年 9 月到 2024 年 4 月的 K 线图。

圣龙股份的这个波浪循环比较特殊，股价并非在浪 5 结束后就立即转入下跌，而是在高位反复震荡一个多月后才正式形成浪 A。这其实并不影响波浪循环的形成，投资者只需将其当作次一级震荡即可。

从高位震荡的形态来看，该股的高点渐次下移，低点则在 30 日均线的支撑下上移，连接起来形成的是一个等腰三角形。

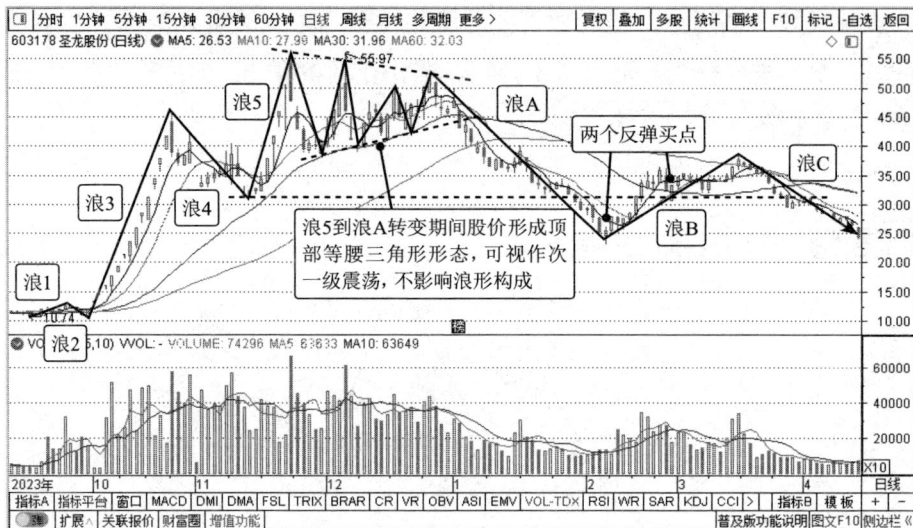

图 2-22　圣龙股份 2023 年 9 月到 2024 年 4 月的 K 线图

从前面浪 5 的积极拉升来看，该股后市应当会向上突破形成上升等腰三角形形态。但价格最终是反转下跌的，而且在跌破支撑线的同时也将前期浪 3 的顶部跌破了，那么投资者就要及时反应过来行情的转势，进而迅速在跌破的位置卖出止盈，保持观望。

浪 A 成型后，股价一路向下并很快跌破浪 4 底部，再度发出警示信号。不过数日之后股价在 25.00 元价位线得到支撑开始反弹，短线投资者应该明白这是浪 B 的起始而非另一个上涨行情的起始，因此，在底部建仓抢反弹时就要注意仓位管理。

数日后，股价成功向上突破浪 4 底部，形成一个加仓点。不过后续该股就在 35.00 元价位线上横盘滞涨，尽管之后所上涨，但高点在 60 日均线上受阻并出现下跌。短线投资者应当对此提前做好准备，一旦股价受阻回落就迅速卖出兑利，不要等到股价跌破浪 4 底部再撤离。

2.3　缺口理论把握买卖点

K 线图中的缺口是指由于受到利好或利空消息的影响，股价大幅上涨或大幅下跌，导致当日的最低价高于前一交易日的最高价，或者当日最高价低于前一交易日最低价的现象。

由于 K 线之间的位置关系和涨跌情况不同，缺口也分为多种类型，有阳线与阳线之间的缺口，阴线与阴线之间的缺口，还有阳线与阴线之间的缺口，具体如图 2-23 所示。

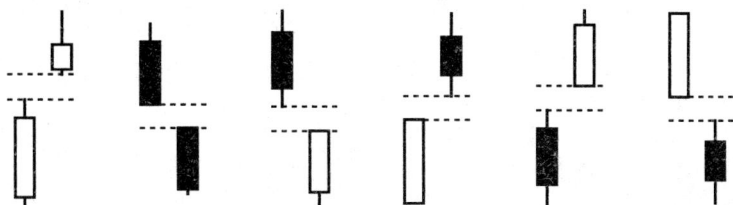

图 2-23　缺口的不同类型

根据第二根 K 线的突破方向，缺口还会被分为向上跳空缺口和向下跳空缺口，分别是短线投资者需要重点关注的买入和卖出时机。不过实战中的缺口形态不止这些，除此之外，还有一字 K 线和十字星线等特殊情况。这种特殊 K 线之间更容易形成大缺口，前面案例中已经出现过不少，这里就不再逐一绘制示意图了。

注意，当缺口形成后不久，市场就会出现回补，也就是股价会很快反过来填补这一段交易的真空区域。对于短线投资者来说，一旦股价产生向下跳空的缺口，那么后续的回补位置也是很好的卖出点，但前提是回补的速度够快。如果股价在很长一段时间后才能反弹回补，倒不如在缺口处就卖出。

除此之外，缺口理论中还有更加详细的划分。根据缺口的形成位置，有普通缺口、突破缺口、持续性缺口和消耗性缺口四类，以向上的方向为例，四种缺口所处位置大致如图 2-24 所示，下跌行情中向下的缺口只要类比反转来看即可。

其中，普通缺口一般是市场常规震荡导致的，本身并不具备太强的研判价值，对个股后市的走势也没有太多指示意义，因此，接下来要重点介绍突破缺口、持续性缺口和消耗性缺口。

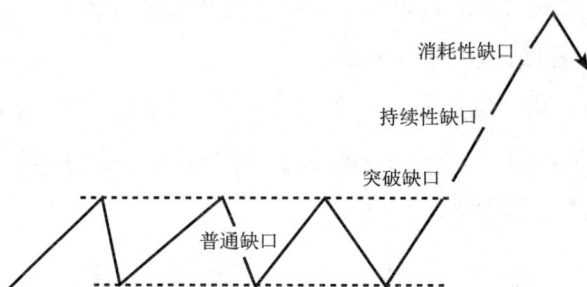

图 2-24　普通缺口与向上缺口示意图

2.3.1　突破缺口把握方向

突破缺口指的是股价在完成整理或震荡后，选择了确定的发展方向，大幅上涨或下跌突破盘整区间而形成的缺口，有向上和向下两个方向，如图 2-25 所示。

技术图示 向上突破缺口和向下突破缺口

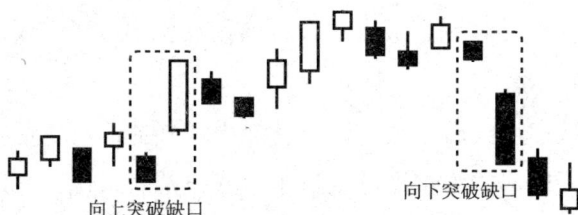

图 2-25　形态示意图

一般来说，向上突破的缺口更常见于持续的上涨行情之中，是股价结束整埋继续拉升的标志之一。并且由于向上突破缺口对市场具有较强的刺激作用，随着追涨愈演愈烈，这一缺口可能在很长一段时间内都不会被回补，除非股价转入深度回调或下跌行情之中。

因此，短线投资者在向上突破缺口处买进后，只要股价涨势不减，就可以继续持有甚至加仓，待到回调来临时再卖出，盈利的机会就会比较大。

而向下突破的缺口则更常见于行情顶部或是下跌过程中，当股价脱离盘整进入大幅下跌时，缺口的形成有利于投资者判断后市的跌势如何。一般来说，向下突破的缺口越大，股价的下跌动能就越强劲，下跌幅度和速度都会比较快，并且很难在短时间内形成回补。

因此，短线投资者如果在股价形成突破缺口时还在场内，就要果断决策，在缺口出现后立即卖出，及时止损。

接下来通过真实的案例进行深入学习。

实例分析　不同行情中的突破缺口

图 2-26 为香雪制药（300147）2024 年 6 月到 9 月的 K 线图。

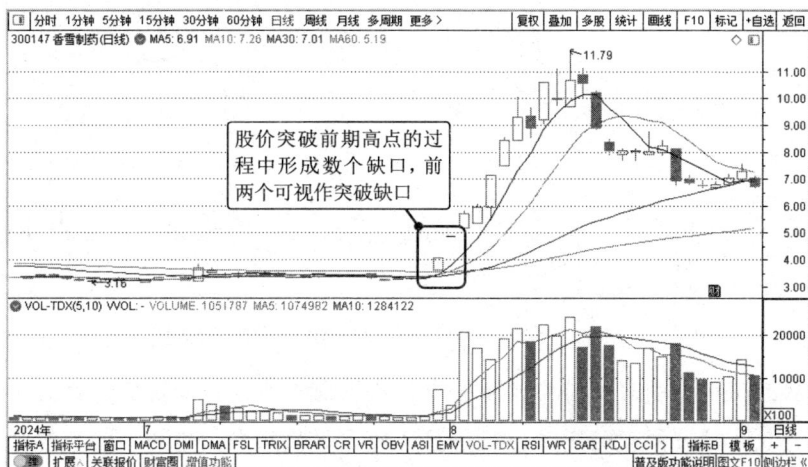

图 2-26　香雪制药 2024 年 6 月到 9 月的 K 线图

观察香雪制药的前期走势可以看到，该股长期被压制在中长期均线下方震荡。虽然在触底后价格有缓慢上升，但始终没能实现有效突破，涨幅也比较小，因此，短线投资者不必急于参与。

直到 7 月底，该股才终于在成交量的放量推动下收出一根实体较长的阳线突破中长期均线，并且还与前一根阳线之间形成了较大的缺口。这就是一个明显的向上突破缺口，预示着拉升的开启。

次日股价继续上涨并收出一字涨停线，再次与前一根阳线形成缺口，同时也在这一日成功突破前期高点，因此，这也可视作一个向上突破缺口，加强买进信号，催促短线投资者及时跟进。

从后续的走势中也可以看到，该股此次的拉升速度极快，短期涨幅相当大，短线投资者只要注意及时止盈，就有很大概率赚取超额收益。

下面再来看另一只股票中的向下突破缺口。

图 2-27 为天微电子（688511）2024 年 2 月到 8 月的 K 线图。

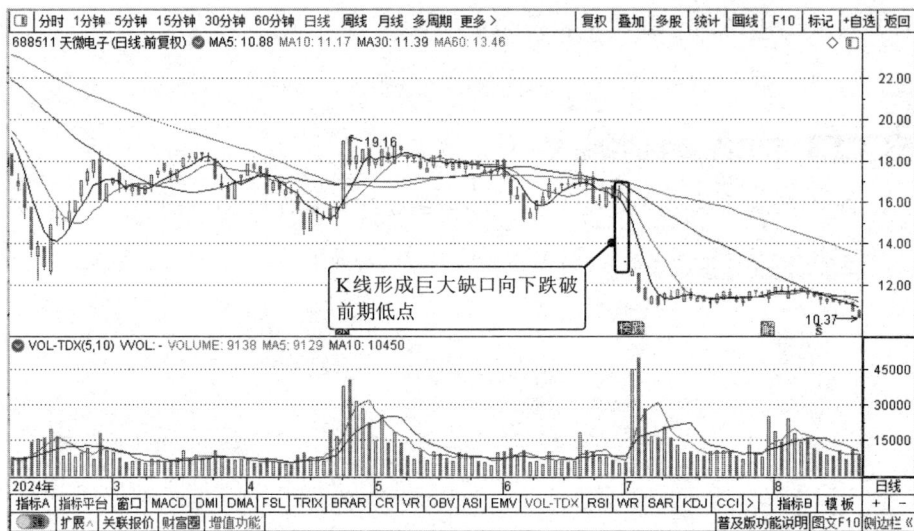

图 2-27　天微电子 2024 年 2 月到 8 月的 K 线图

从天微电子前期走势中的中长期均线表现可以看出，该股已经经历了较长时间或是较大幅度的下跌，行情整体处于下跌状态，市场也高度看跌。那么投资者在此期间就不宜参与，即便是抢反弹也要谨慎。

4 月中旬，由于成交量的巨大量能，股价快速上涨并成功突破到 60 日均线之上，表现出强势反弹迹象。然而短线投资者在介入后才发现，该股此后就没有了更好的表现，而是在中长期均线上方长期窄幅震荡，高点还在逐步下移，后市极有可能回归下跌。

5 月底，股价跌破中长期均线，大量投资者撤离。数日后，该股止跌再次反弹，可惜此次反弹也只是小幅越过压力线而已，很快该股拐头向下回归下跌，并在 7 月初突兀收出一根一字跌停线，与前面的阳线结合形成一个巨大的向下突破缺口。

这个缺口的出现无疑加强了下跌信号的可靠度，而且在开板交易后股价依旧没能产生回升，后续长期在 12.00 元价位线下方窄幅震荡，缺口回补遥遥无期，短线投资者不能再停留。

2.3.2　持续性缺口及时跟进 / 止损

持续性缺口是在持续上涨或下跌过程中形成的，符合当前涨跌趋势的缺口，投资者也可以将其理解为股价突破压力线或跌破支撑线后再形成的缺口，同样分为上下两个方向，如图 2-28 所示。

技术图示　向上突破缺口后接向上持续性缺口

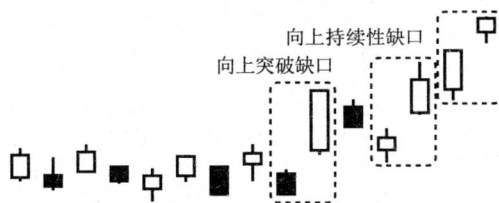

图 2-28　形态示意图

一般来说，突破缺口后面紧跟着的可能就是持续性缺口。当然，持续性缺口不一定要等到突破缺口形成后才能出现，毕竟不是每次 K 线穿越关键线时都能够向上或向下跳空。一旦持续性缺口出现，短时间内股价的涨势或跌势就比较确定了。

但需要注意的是，投资者在向上持续性缺口处加仓时一定要观察市场是否存在推涨动能不足、股价涨势衰竭的情况，比如量缩价涨的高位背离。如果缺口出现后股价很快冲高回落进入下跌，这个缺口就不能称为持续性缺口，而会转变为消耗性缺口（具体将在下一节中详细介绍），投资者也很可能在高位被套。

若在下跌行情中出现向下持续性缺口，说明股价的下跌动能强劲，后市的下跌空间很难探明。对于短线投资者来说，这样的缺口无疑是极强的警示信号，无论是被套的投资者和误入场内的投资者都最好尽早卖出，不要等待回补。

接下来通过真实的案例进行深入学习。

实例分析 不同行情中的持续性缺口

图 2-29 为艾融软件（830799）2024 年 8 月到 10 月的 K 线图。

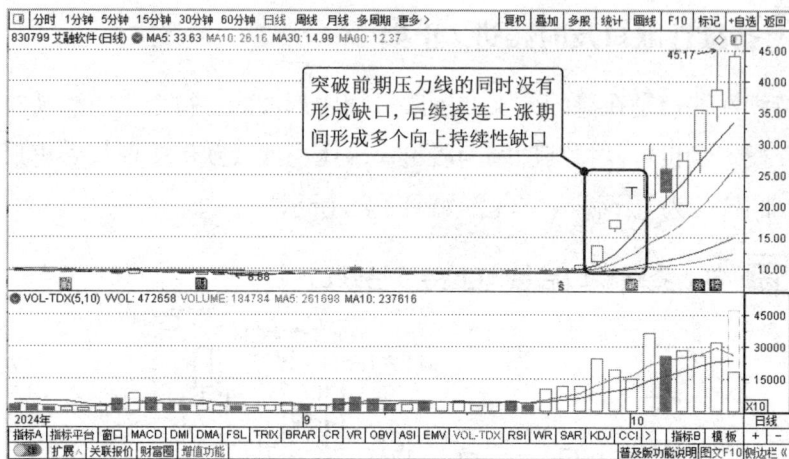

图 2-29　艾融软件 2024 年 8 月到 10 月的 K 线图

艾融软件的前期走势与上一个案例中香雪制药的股价表现很像，都是在中长期均线附近窄幅震荡，期间有过触底后缓慢上涨的阶段，但涨幅不大，短线投资者需要继续等待。

2024 年 9 月底，随着成交量的逐日放量推动，该股开始收出数根阳线上升，并逐渐运行到中长期均线上方。在小幅突破 10.00 元价位线后，该股突然收出一根实体较长的阳线彻底站到整个均线组合之上，形成突破。

次日，该股大幅跳空向上收阳，与前面一根阳线之间形成一个较大的空隙。由于前面股价已经实现了对关键压力线和价位线的突破，这个缺口就可以被视作向上的持续性缺口。前面没来得及入场的短线投资者，此时就可以借助缺口的买进信号建仓。

接下来分析下跌行情中的持续性缺口。

图 2-30 为中青宝（300052）2022 年 2 月到 6 月的 K 线图。

从图 2-30 中可以看到，中青宝的股价整体处于下跌行情之中，60 日均线长期保持下行压制。股价于 2022 年 3 月上旬得到支撑开启反弹之后，60 日均线发挥了极强的压制作用，最终导致股价反复上冲失败后拐头向下，收出一根实体极长的阴线。

这根阴线不仅跌破了 60 日均线，前期高位滞涨的低点也被跌破，可见市场已经转入看跌，短线投资者需要及时撤离。

就在大幅下跌的次日，该股继续向下并收出跳空阴线，结合当前位置来看应当属于向下的持续性缺口。再往后几个交易日，股价又形成了一个持续性缺口，警示短线投资者不可继续停留。

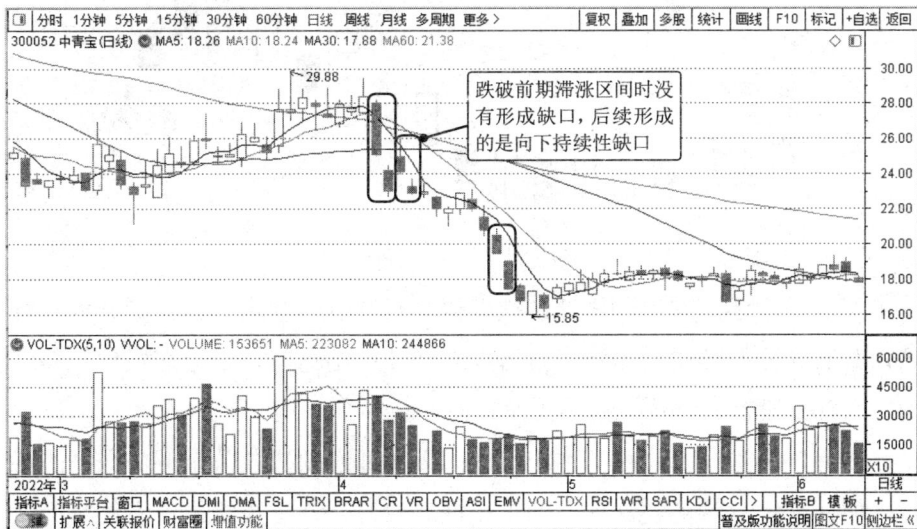

图 2-30　中青宝 2022 年 2 月到 6 月的 K 线图

4 月下旬，股价跌到 22.00 元价位线附近止跌后横盘数日，随后继续向下，期间再度形成向下的缺口。当时投资者应当会将其判定为持续性缺口，但结合后续股价在 16.00 元价位线处止跌后小幅反弹的走势，说明这应当是一个消耗性缺口。

那么在消耗性缺口处应当如何操作呢？接下来进入下一小节的内容中。

2.3.3　消耗性缺口可能反转

消耗性缺口指的是在一段行情的末尾处形成的缺口，这里的"消耗"指的是上涨或下跌动能的消耗，当缺口出现后，股价会很快发生转势，如图 2-31 所示。

消耗性缺口是四大缺口中唯一的反向预示形态，是涨跌趋势即将到头，行情可能即将反转（或回调／反弹）的预兆。因此，投资者在消耗性缺口处的操作策略就是反向的。

技术图示 **上涨顶部的向上消耗性缺口**

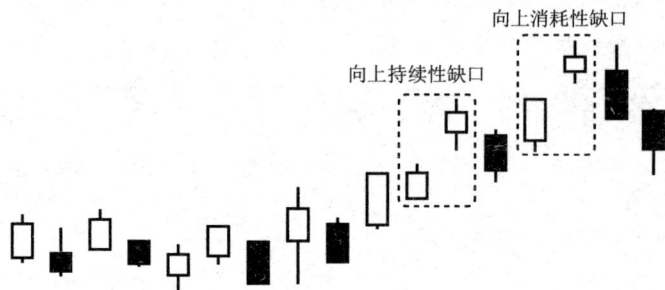

图 2-31　形态示意图

实战中持续性缺口和消耗性缺口很难有准确的判定，将其划分为哪种缺口都有充分的理由。短线投资者没有必要纠结这些，毕竟在股价转势之前，大部分投资者都不知道转折点在何处。

因此，尽管在上涨行情中出现的向上消耗性缺口并不是一个很好的买点，但在难以分辨消耗性缺口与持续性缺口时，许多短线投资者还是愿意尝试买进。

因为如果这确实是上涨持续性缺口，那就能在很大程度上降低持股成本。即便投资者判断失误，买进的位置是消耗性缺口，后续个股也可能有一定的上涨空间，做短线也是有收益的，只是风险较大。如果股价立即转向，那么投资者及时卖出也来得及。

既然消耗性缺口预示的是趋势的反转，那么在相对低位形成的向下跳空消耗性缺口发出的正是上涨信号，因为在接近行情底部的位置形成向下跳空的缺口，其中大概率有主力操作的痕迹，加速探底是为了尽快降低建仓成本，扩大未来的获利空间。

如果投资者借助其他信息判断出股价可能反转的信号，又恰巧发现一个向下跳空缺口，那么直接将其认定为向下消耗性缺口而在场外观望，待到股价开始出现回升迹象时买进，再等到上涨趋势稳定后加仓，就有可能获得不错的收益。

当然，在这两种消耗性缺口处买进都存在风险，并且风险都不小，经验不足的短线投资者要谨慎考虑，经验丰富的投资者也不能大意。

接下来通过真实的案例进行深入学习。

实例分析 不同行情中的消耗性缺口

图 2-32 为优机股份（833943）2023 年 10 月到 2024 年 1 月的 K 线图。

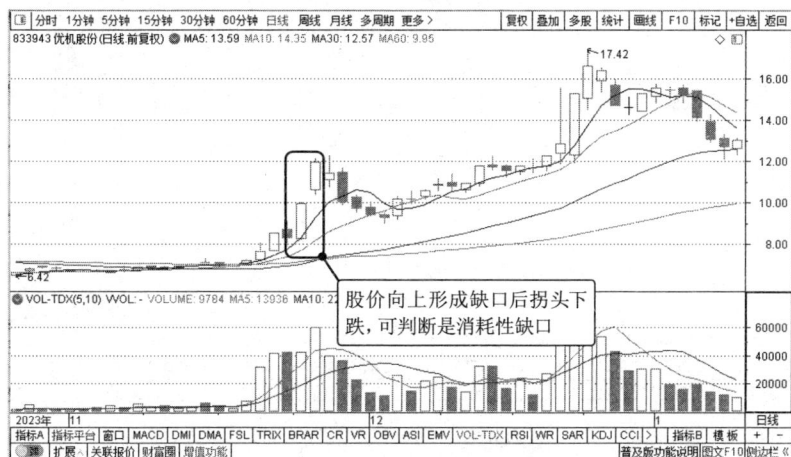

图 2-32　优机股份 2023 年 10 月到 2024 年 1 月的 K 线图

2023 年 11 月中旬之前，优机股份的股价虽有上涨，但涨速比较慢，短期涨幅也不大，不过依旧能吸引很多投资者的目光。

11 月中旬之后，随着成交量的大幅放量，股价也被推动迅速收阳拉涨至中长期均线上方。短短数日，股价就从 7.00 元价位线附近上涨至接近 10.00 元价位线处，短期涨幅还是非常不错的，期间大量短线投资者跟进。

在股价接触到 10.00 元价位线的次日，K 线跳空向上继续收阳，且与前一根阳线之间形成了缺口。这时候股价并非处于突破关键位，成交量也有对应放量，因此，投资者可将其视作持续性缺口，在此买进也是有充分理由的。

实际上，股价在此之后就短暂滞涨，很快拐头下跌进入回调之中。这也是很正常的，毕竟短期暴涨必然伴随着获利盘的抛售兑利，股价回调正是在缓和这些抛压。

因此，这个缺口应当属于消耗性缺口，误入场内的短线投资者若能及时撤离，可能还不会遭受太大的损失，待后续股价止跌企稳后再重新建仓即可。

下面再来看一下下跌过程中的消耗性缺口。

图 2-33 为德恩精工（300780）2023 年 2 月到 7 月的 K 线图。

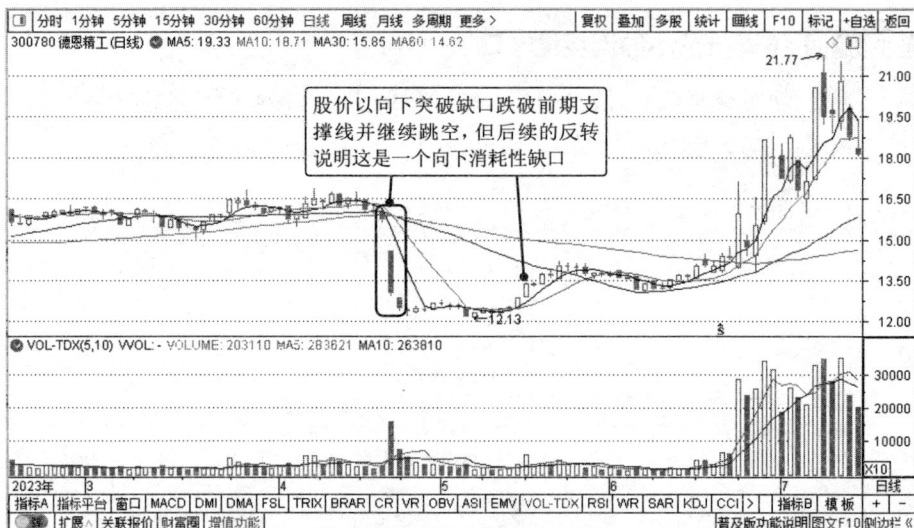

图 2-33　德恩精工 2023 年 2 月到 7 月的 K 线图

从德恩精工的前期走势中可以看到，该股其实是在中长期均线的支撑下缓慢上升的，只是因为 16.50 元价位线上的压制力较强，股价始终无法实现突破，因此，也不具有太高的短线投资价值。

4 月下旬，该股甚至还收出一根大幅向下跳空的巨大阴线，同时跌破整个均线组合和前期横盘低点，形成向下突破缺口，警示场内投资者撤离。

再往后一个交易日股价依旧收阴向下，且再次形成向下的跳空缺口，这有可能是持续性缺口。由于前一日股价下跌的过程中成交量有急剧放量，大概率是主力刻意压价所致，不排除是低位吸筹造成的，所以，投资者也需要将后市即将拉升，该缺口属于消耗性缺口的可能性考虑进去。

后续的走势也证实了这一点，股价落到 12.00 元价位线上方后止跌横盘，一段时间后反转向上开启拉升。那么前期的缺口就可以被确定为消耗性缺口，那时就跟进的短线投资者也成功实现抄底。

第 3 章

波段中的技术指标涨跌

技术指标是很重要的股市分析对象之一，不同类型的技术指标具有不同的特性，适用于不同的场景。其中有不少非常适合短线投资者操作，比如移动平均线、布林指标及MACD指标等，本节就将针对这三大常用指标来介绍短线应用方法。

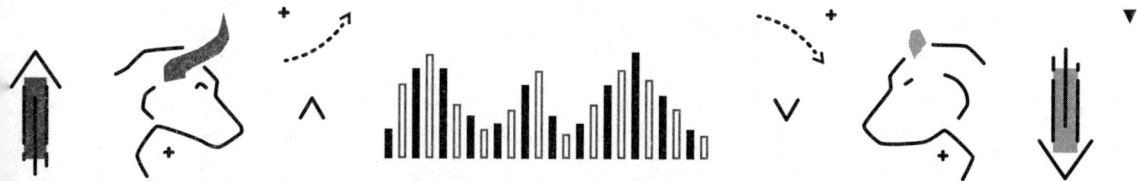

3.1 移动平均线确定趋势

均线全称为移动平均线，是用统计分析的方法将一定时期内的价格（指数）加以平均，并把不同时间的平均值连接起来形成的一根平均线，是一种用于观察股票价格（指数）变动趋势的技术指标。

均线可以说是除了成交量以外，投资者最常使用的技术指标之一。它既能够揭示行情的变动趋势，也能够代表不同时期内市场的持仓成本。其中包含的移动平均的概念可以帮助投资者进行趋势变动方向的大致判断，寻找到确切的买卖点。

在整个均线组合中，时间周期越短的均线反应越灵敏，与股价贴合度也越高，但对趋势的预示作用就会比较弱。而时间周期越长的均线，越能够有效反映趋势的走向，但其滞后性也较强，不能紧跟股价变动。

正是由于均线的这种性质，投资者在实战中一般都不会单根使用，而是将常用的均线结合在一起，形成既能定位短期买卖点，又能观察长期走势的均线组合。

根据计算基期的不同，均线组合有非常多样化的搭配，常用的均线组合是 5 日均线、10 日均线、30 日均线和 60 日均线。这也是以往案例中一直在应用的均线组合，相信投资者也感受到了其便利性。

不过均线组合并没有固定搭配，投资者可自行选择适合自己的均线，比如将 30 日均线替换为 20 日均线，或者将 60 日均线替换为 120 日均线，都是可以的，但要注意长短适当搭配，否则可能影响实际操盘。

下面就先来了解一下均线具有的一些基本特性，这是利用均线组合波段操作的理论基础之一，只有充分了解均线的特性，短线投资者才能更好地理解均线组合极其特殊形态的变动内因。

3.1.1 均线的各种特性

均线的特性主要包括服从和扭转、黏合和发散、主动修复和被动修复，许多均线特殊形态都是在此基础上构筑而成的。

1. 均线的服从和扭转

均线的服从特性是一种比较特殊的性质，具体指的是均线组合在运行过程中，短周期均线要服从长周期均线的走势，市场趋势变化的方向将会按长周期均线的运行方向进行，如图 3-1（左）所示。

而均线的扭转一般发生在股价运行方向产生较大变动之时，比如行情的反转位置、大幅回调或反弹的变盘位置等。首先发生变化的是 K 线，由 K 线扭转短周期均线，然后由短周期均线扭转长周期均线，最终使均线组合的运行方向发生转折，如图 3-1（右）所示。

技术图示 均线的服从和扭转

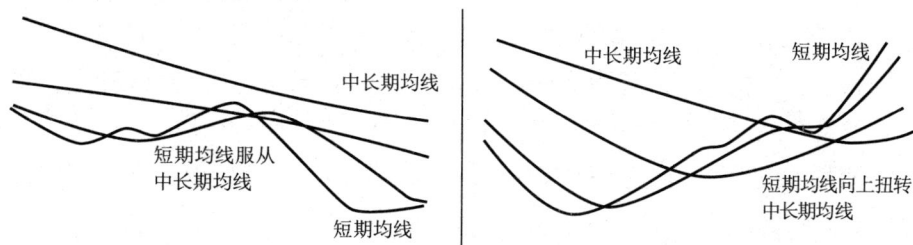

图 3-1　形态示意图

从均线的服从特性来看，当长周期均线向上运行，则行情转向上涨；当长周期均线向下运行，则行情转为下跌。只要长周期均线没有被有效跌（突）破，股价的运行方向将不会产生大的改变。

这种特性为投资者提供了比较可靠的趋势判断依据，即在上涨行情中，只要长周期均线形成稳定的支撑，那么股价的回调低位就会不断上移，短线投资者可以多次入场或加仓；在下跌行情中，只要长周期均线产生稳定的压制，那么股价的反弹高位就会不断下移，投资者需要择机逢高卖出。

而均线的扭转特性则为投资者提供了转折预示信号，帮助投资者判断变盘方向。但由于均线存在滞后性，周期越长的均线，要对其进行扭转就越困难，有时候股价已经产生了比较大的变动，但长周期均线还未及时反应。如果短线投资者一定要等到长周期均线出现变化后再进行操作，通常很难实现高效盈利。

因此，短线投资者要将整个均线组合的变动及股价的涨跌考虑进去。一旦市场趋势出现与均线相反的运行方向，并对其有扭转的趋势，同时市场中其他信息也在表明反转在即，短线投资者就需要高度警觉，并在必要时作出相应的决策。

一旦长周期均线扭转完成，就意味着新的发展方向已经确定。若行情转向上涨，短线投资者可以追涨买进；若行情转向下跌，短线投资者就需要立即卖出，减少损失。

2. 均线的黏合和发散

均线的黏合与发散在实战中是非常常见的现象，一般三条及以上的均线形成的组合才能有效发挥出这两大特性，传递可靠的买卖信号。

均线的黏合指的是当股价经过一段下跌或下跌后逐渐走平，或者在一个较为狭窄的价格区间内横盘震荡时，原本距离较远的短周期均线和中长周期均线聚合到一起，均线之间的间距变小，形成黏合状态。

而均线发散指的是股价在盘整或震荡结束后，均线组合由聚拢转为分离，并同步向某一方向发散开的现象，如图 3-2 所示。

技术图示 均线的黏合和发散

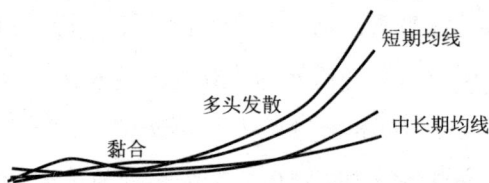

图 3-2 形态示意图

当均线产生黏合，意味着股价进入整理阶段，多空双方博弈激烈，意图改变股价走向；当均线从黏合转为发散，就代表多空某一方取得了阶段性的胜利，开始向着占据优势的方向运行。

因此，均线的黏合与发散特性能够为短线投资者提供一定的买卖信息。

①当均线由发散转为黏合，短线投资者可根据行情运行方向决定是继续持有还是暂时离场观望。

②当均线由黏合转为发散，若向下发散，股价下跌，那么场内短线投资者就需要卖出，场外投资者不宜参与；若向上发散，股价上涨，那么场内短线投资者可以趁机加仓，场外短线投资者也可以迅速买进。

一般来说，在稳定的上涨和下跌行情中，均线在黏合后的发散方向往往会沿着原有的轨道前进。也就是说，当股价上涨进入盘整，那么后期大概率还会继续朝着上方运行，带动均线组合形成多头发散。若发展方向出现改变，说明股价可能即将进入大幅回调或是下跌行情，此时的卖出信号就会更加强烈，下跌行情反之。

3. 均线的主动修复和被动修复

当股价经历急涨或急跌后，就会与均线之间产生较大的偏离，尤其是中长期均线。但二者最终还是会相互靠近，聚合在一起，直至下一次偏离。这个聚拢的过程，依赖的就是均线的修复特性。

均线的修复主要分为两种，即主动修复和被动修复，具体如下：

①当股价与均线产生偏离时，价格自身会产生较大波动，并通过上涨或下跌的方式主动向均线的方向靠近，直至聚合或接触，这样的修复就被称为主动修复，如图 3-3（左）所示。

②当股价偏离均线以后，并没有主动向均线靠近，而是在某一价位线附近横向盘整，被动地等待均线靠近，这样的修复就被称为被动修复，如图 3-3（右）所示。

技术图示 均线的主动修复和被动修复

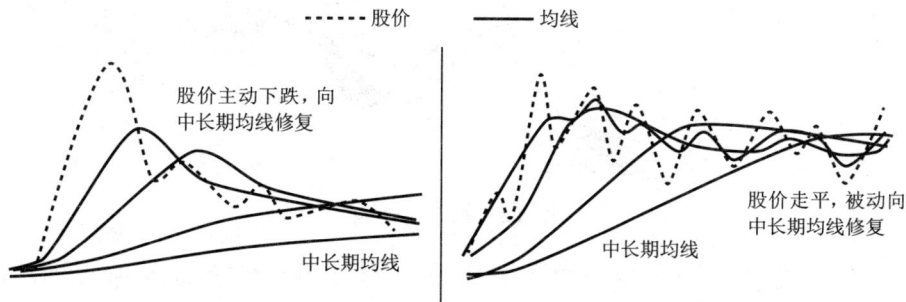

图 3-3　形态示意图

在上涨行情中出现均线的修复，说明股价进入了横盘或回调，其低位就可以作为短线买点和加仓点；在下跌行情中出现均线的修复，说明股价正在反弹，其高点可作为短线离场点。

但如果均线修复到后期，股价跌破（突破）了均线组合并将其扭转向下（向上），一般代表着趋势正在进行反转，后市即将进入下跌（上涨），投资者需要迅速卖出（买进）。

在大致了解均线的几种特性后，投资者就可以开始学习具体的应用。

3.1.2 金银山谷

金银山谷其实是由金山谷和银山谷两个独立的形态构成的，二者在技术形态上一致，都是山谷形态，只是形成位置不同。

山谷形态只需要三条均线参与构筑，指的是股价经过一段时间的整理或下跌后，均线组合中的短周期均线由下往上穿过中等周期均线和长周期均线，中等周期均线由下往上穿过长周期均线，从而形成一个尖头朝上的不规则三角形。

当股价在上涨行情的初期形成银山谷后上升一段时间，在某一位置遇阻可能出现回落或横盘，导致短期均线落到中长期均线下方。随后股价再次上涨，带动均线组合第二次形成一个尖头向上的不规则三角形，即为金山谷，如图 3-4 所示。

技术图示 金银山谷二次买进形态

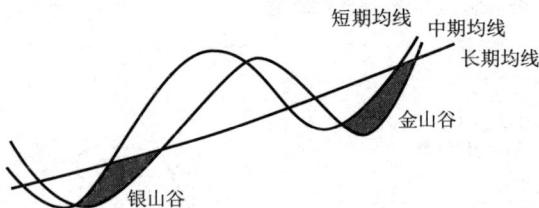

短期均线　中期均线
长期均线
金山谷
银山谷

图 3-4　形态示意图

由此可见，金山谷的位置要在银山谷之后，所处位置也更高。一般情况下，金山谷距离银山谷越远，位置越高，目标股的上涨潜力就越大。但也不排除金山谷的位置在银山谷之下的情况，这样的金银山谷传递的信号就不会太强烈。

短线投资者在银山谷出现后就可以抄底入场了，待到股价遇阻下跌正好先行兑利卖出，再根据金山谷的形态重新选择合适的位置建仓，抓住后续涨幅。

接下来通过真实的案例进行深入学习。

实例分析 **南宁百货（600712）金银山谷的多个买点**

图 3-5 为南宁百货 2023 年 6 月到 12 月的 K 线图。

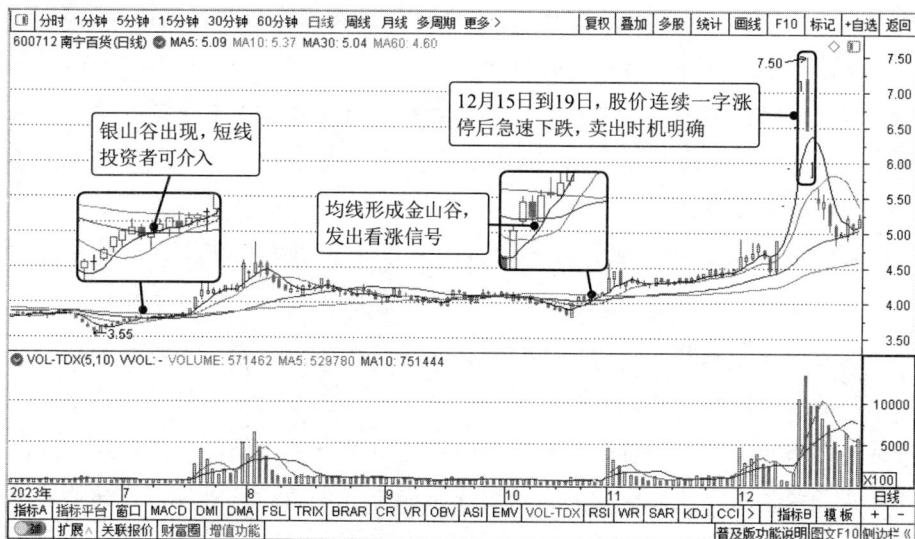

图 3-5　南宁百货 2023 年 6 月到 12 月的 K 线图

从图 3-5 中可以看到，南宁百货的股价从 2023 年 6 月底在 3.55 元的位置触底后，就开始逐步向上攀升。前期上涨过程中，短期均线率先被扭转向上形成金叉，中长期均线则仍处于下降之中。

7 月初，股价在接触到 30 日均线后稍微减缓涨速，但最终依旧越过其压制，并带动 5 日均线和 10 日均线相继突破 30 日均线，形成一个清晰的低位银山谷。

结合数日后股价接连收阳向上突破 60 日均线的走势来看，这个银山谷所释放的买进信号还是比较可靠的。那么，短线投资者就可以在此附近寻找合适的位置建仓，等待后市回调。

8月初，股价在一波快速爬升后来到了4.50元价位线附近，在此形成第一次小幅回落。起初的下跌速度还是比较快的，因此，短线投资者要及时借高卖出，观望后市走向。

然而此次回调持续的时间较长，且股价还一路向下跌破了30日均线，最终落到60日均线上横盘窄幅震荡。这时候短线投资者就不能轻易介入，尚未离场的投资者也最好先行卖出，避免股价未来真的跌破60日均线转入下跌行情。

10月下旬，股价一次明显下跌将60日均线跌破，看似是进入熊市的预兆，但投资者只要多观察几日，就会发现股价在探底后开始迅速转折向上，形成与前面银山谷处极为相似的拉升。

这就说明前期的下跌可能是主力的震仓行为，股价未来还是有继续上涨的潜力的，短线投资者要特别注意场内是否有特殊看涨形态出现，尤其是均线组合中的山谷形态。

10月底，股价终于再度向上穿越两条中长期均线，并带动两条短期均线彻底上穿30日均线，构筑出一个位置更高的金山谷，进一步加强看涨信号。这时谨慎型短线投资者就可以迅速跟进，已经建仓的也可以再加仓。

从后续的走势中可以看到，该股这一波上涨在4.50元价位线附近受到了限制而小幅回落。这一价位线也正是前面股价第一次回调时受阻的压力线，可见其压制作用还是比较强的，该股未来能否有更高的投资价值，就要看股价对该压力线的穿越形态了。

值得庆幸的是，该股在震荡到12月初时，还是成功收出几根长实体阳线将该压力线彻底突破。股价甚至还在突破完成后接连形成一字涨停线向上快速攀升，短短数日就从4.50元价位线附近冲上了最高7.50元，涨幅极为惊人，但走势也极为异常，明显是主力所为，短线投资者必须警惕其出货行为，尤其是在涨停板打开以后，更要时刻关注。

12月15日，该股收出一根T字线，说明涨停板已经打开，但股价仍在上涨。然而次日创新高时，股价却拐头向下收出一根实体极长的阴线，传递出疑似转折的信号，下面来看分时走势中的具体情况。

图 3-6 为南宁百货 2023 年 12 月 15 日到 19 日的分时图。

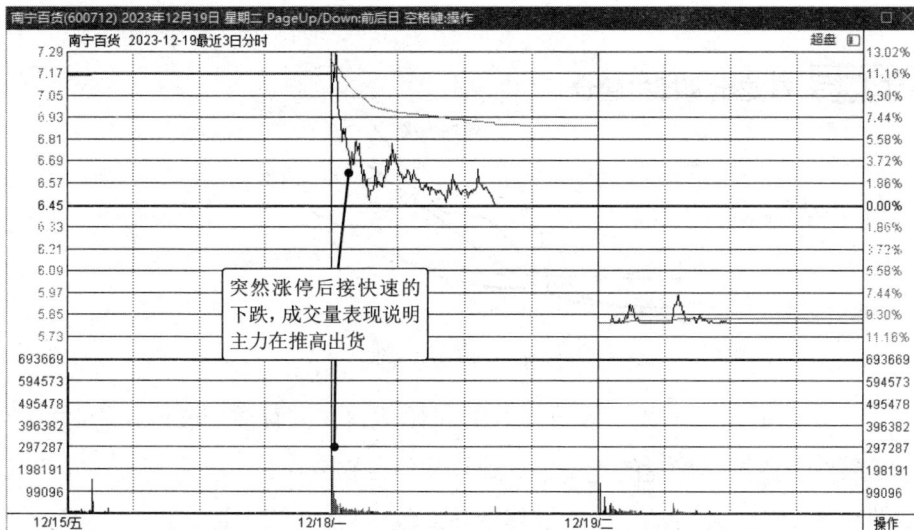

图 3-6　南宁百货 2023 年 12 月 15 日到 19 日的分时图

图 3-6 为股价创新高前后三日的分时走势，从分时图中可以看出，在 12 月 15 日，涨停板的打开只是因为开盘价并非涨停价，但该股在开盘后也是以极快的速度冲上涨停板封住，直至收盘，因此，看不出太多的转折信号。

可能这时会有很多场外投资者意图跟进，但都被挡在涨停板之外，于是等待次日表现。然而次日股价的走势却与前期的积极上涨形成了强烈对比，股价只是在开盘后有过几分钟的短暂上冲，后面就开始急速跳水下跌，下方成交量也十分活跃，交易量较大，最终导致股价震荡落到跌停板上，直至收盘都没有再打开。而在后一天，股价也是直接以跌停开盘，盘中有过小幅开板交易，但价格也只是在跌停板附近震荡，上涨极为困难，最终股价还是以跌停收尾。种种迹象显示主力很有可能在前期推高吸引买盘入场，达到快速出货目的，否则自然交易下的股价很难出现如此急促的转折。

判断出这一点的短线投资者需要尽快撤离，毕竟从后续的走势中也可以看到，该股短期跌速极快，投资者越犹豫，损失就越大。

3.1.3　蛟龙出海

蛟龙出海其实是一个非常形象的名字，从图 3-7 中就可以看出，蛟龙出海的研判重点在于由黏合转为向上发散的均线组合，以及自下而上贯穿均线的一根大阳线。

技术图示 蛟龙出海择机建仓

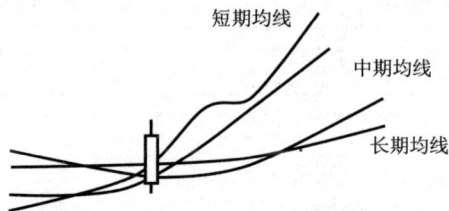

图 3-7　形态示意图

　　蛟龙出海通常形成于股价拉升的起始位置，并且前期股价在相对低位形成缓慢下跌或是横盘的走势，导致均线组合黏合在一起，直到某一时刻 K 线收出大阳线，才带动均线向上移动并发散开来，属于明显的看涨信号。

　　注意，贯穿均线组合的阳线波动幅度越大，实体越长，蛟龙出海的买入信号就越强烈。激进型短线投资者可以在形态形成当日就建仓入场，谨慎型短线投资者则可以再等几个交易日，待到股价上涨趋势彻底确定后再买进更稳妥。

　　接下来通过真实的案例进行深入学习。

实例分析 艾布鲁（301259）蛟龙出海的建仓时机

　　图 3-8 为艾布鲁 2024 年 5 月到 10 月的 K 线图。

　　2024 年 5 月到 7 月中旬，艾布鲁的股价正处于上涨行情中的回调阶段，因为 60 日均线前期保持上扬，直至股价回调较长时间后才被扭转下行。

　　不过股价整体跌幅不算太大，且在 6 月底就于 20.00 元价位线附近得到支撑长期横盘，均线组合也逐渐靠近，所以，该股后期还是有机会上涨的，短线投资者可等待时机。

　　7 月中旬，在成交量的突兀放量推动下，K 线于 7 月 17 日收出了一根超大阳线，不仅实体长度达到近期之最，还一举自下而上穿越了整个均线组合，形成一个标准的蛟龙出海形态。很显然，这就是股价开启拉升的标志，短线投资者可以在当日就抓住时机建仓买进。

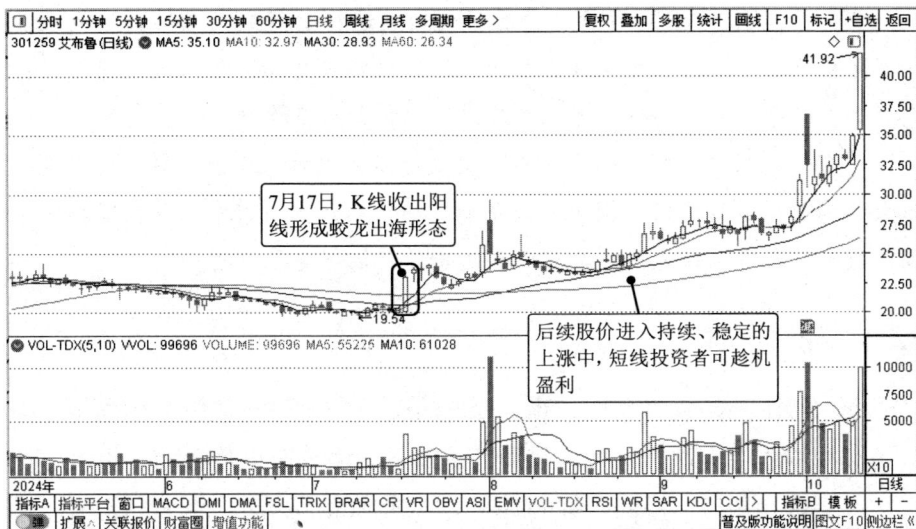

图 3-8　艾布鲁 2024 年 5 月到 10 月的 K 线图

下面来看蛟龙出海形成前后几日的分时走势。

图 3-9 为艾布鲁 2024 年 7 月 16 日到 18 日的分时图。

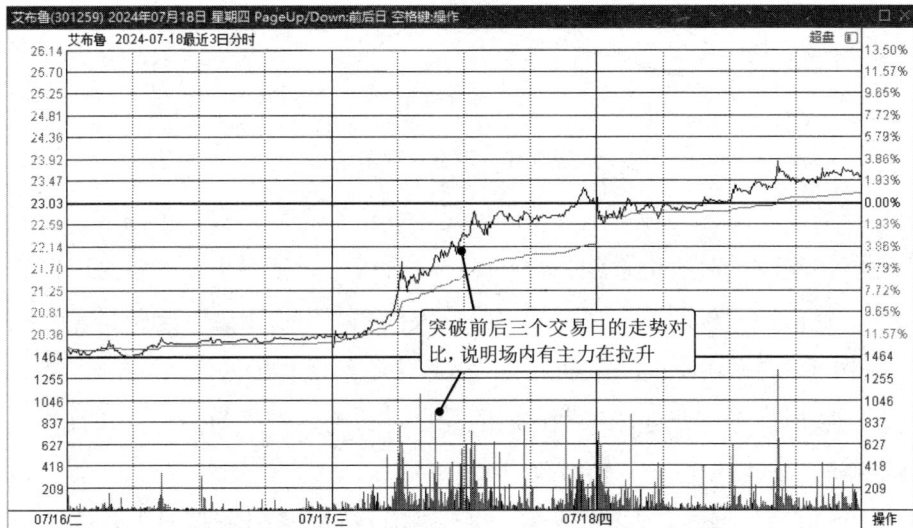

图 3-9　艾布鲁 2024 年 7 月 16 日到 18 日的分时图

7 月 16 日是股价仍位于中长期均线下方横盘震荡的交易日，当日价格走势平平，成交量也没有太多异常表现，因此，短线投资者依旧处于观望状态。

但到了 7 月 17 日，股价开盘后不久的急速拉升和成交量的集中大幅放量充分说明了场内有主力在注资参与，结合 K 线图中蛟龙出海的形态来看，其目的大概率是吸引场内多方继续跟进，以扩大后市收益。

此时，反应快的短线投资者在当日就可以抓住时机建仓，若错过了这一机会，也能在后续股价缓慢上涨或是回踩均线的位置买进。而从该股接下来的一段走势来看，短线投资者建仓和加仓的时机还是很多的。

3.1.4　死亡谷

死亡谷由三条均线构成，指的是股价运行到相对高位后，均线组合中的短周期均线由上往下穿过中等周期均线，而中等周期均线随后也由上往下穿过长周期均线，从而形成的一个尖头朝下的不规则三角形，如图 3-10 所示。

技术图示 死亡谷中的卖出信号

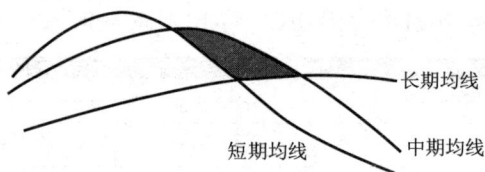

图 3-10　形态示意图

与前面介绍过的金银山谷不同的是，死亡谷有且只有一个山谷，当这个山谷出现时，对股价下跌的预示就已经形成，无须另一个山谷来印证。因此，死亡谷一旦形成，短时间内股价大概率会出现下跌，无论是在上涨行情中的回调，还是上涨末期的反转过程中，都以卖出为佳。

一般情况下，在上涨末期形成的死亡谷卖出信号最为强烈，并且构成死亡谷的均线周期越长，信号越可靠。

不过，对于短线投资者来说，回调和行情反转都是需要避开的，所以，当 5 日均线、10 日均线与 30 日均线之间形成死亡谷后，就可以及时撤离了。若等到 10 日均线、30 日均线与 60 日均线构筑死亡谷，股价的下跌幅度就已经很大了，这会加重短线投资者的损失。

接下来通过真实的案例进行深入学习。

实例分析 天马新材（838971）死亡谷及时止损

图 3-11 为天马新材 2023 年 12 月到 2024 年 4 月的 K 线图。

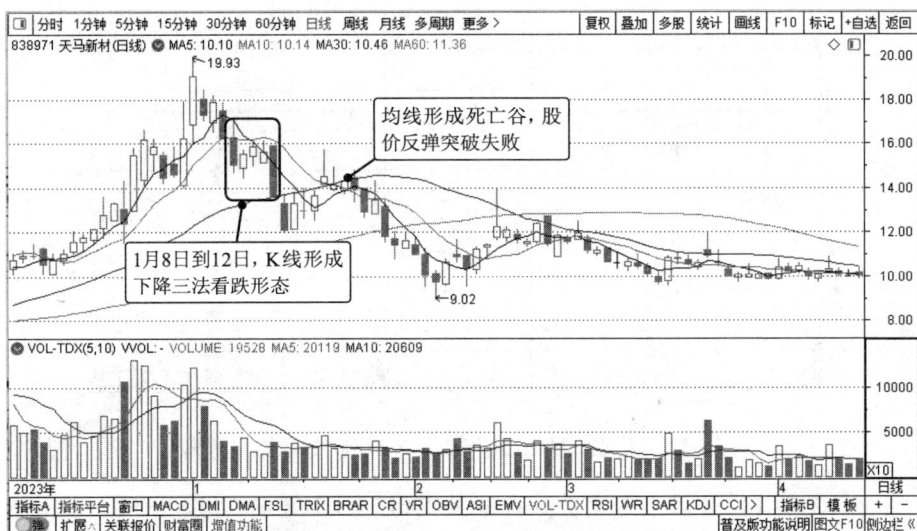

图 3-11　天马新材 2023 年 12 月到 2024 年 4 月的 K 线图

天马新材的这段走势中，股价在 2023 年 12 月的涨势非常稳定，两条短期均线相互分离，且都与中长期均线之间留有较大空隙。但也正因如此，股价很有可能在上涨到某一位置后走平甚至下跌形成修复，至于修复开启的时机，短线投资者可根据短期均线的交叉形态判断。

2024 年 1 月初，该股在创出 19.93 元的新高后开始收阴下跌，四个交易日后就跌破短期均线并使其扭转向下，形成明显的主动修复。这时候短线投资者就要及时卖出，将前期收益兑现。

当股价跌到 10 日均线下方后，还收出了三根实体较小的阳线，但最终没能反转上涨，而是在 1 月 12 日继续向下大幅收阴，低点落到 30 日均线上。这几个交易日的 K 线正好是长阴线包裹短阳线，是一种看跌形态，即下降三法形态。

但由于三根小阳线的实体没能被第一根长阴线完全包裹，因此，这个下降三法形态并不标准。不过这也完全不影响短线投资者对股价反转下跌的判断，下面再进入这几日的分时走势中，观察更多的看跌信号。

图 3-12 为天马新材 2024 年 1 月 8 日到 12 日的分时图。

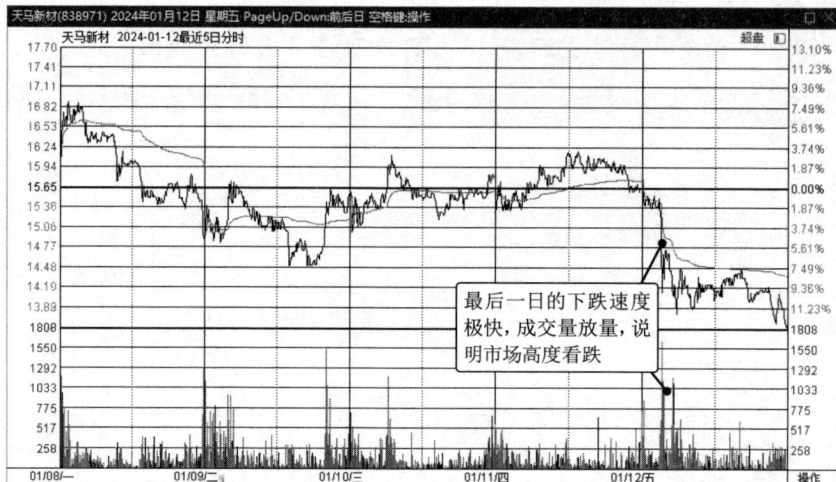

图 3-12　天马新材 2024 年 1 月 8 日到 12 日的分时图

在这几日的分时走势中，股价线呈现出一种倒置的"N"字形，说明该股是在下跌一段距离后试图反弹，但最终还是被空方压制下跌，市场依旧处于高度看跌状态。而且 1 月 12 日股价开盘后的跌速进一步说明主力可能也在撤离，短线投资者更不应该继续停留。

回到 K 线图中继续观察，该股在形成下降三法形态的次日继续下跌并彻底跌破 30 日均线，此时已经被扭转向下的短期均线也在靠近该关键线，但目前尚未跌破。

后续该股小幅反弹试图向上突破 30 日均线，但显然未能成功。此时已经可以很明显地看出均线死亡谷形态，待到股价反弹失败回归下跌，止损信号就得到了进一步验证，还未卖出的短线投资者需要抓紧时间，否则可能长久被套。

3.1.5　断头铡刀

断头铡刀指的是当股价在相对高位盘整后渐渐下滑，5 日均线、10 日均线和 30 日均线由前期的上扬转为走平并逐渐黏合在一起，此时出现一根实体较长的阴线自上而下穿越整个均线组合，并在后续持续下滑，运行到均线组合下方，如同一把将均线斩断的铡刀，如图 3-13 所示。

技术图示　断头铡刀开启下跌

长期均线

中期均线

短期均线

图 3-13　形态示意图

　　断头铡刀形态的出现，往往是股价脱离滞涨选择向下变盘的预警。通常情况下，在行情高位或是阶段高位形成的断头铡刀，释放的卖出信号是最为强烈的。它意味着主力的大批量出货及散户的集中杀跌，其后市的走向非常不乐观，短时间内甚至会出现连续跌停。且形成断头铡刀的阴线实体越长，影线越短，断头铡刀形态的警示意味就越浓。因此，短线投资者在遇到断头铡刀形态时，应当第一时间撤离，在场内停留的时间越久，损失就会越大。

　　接下来通过真实的案例进行深入学习。

实例分析　青岛金王（002094）断头铡刀及时止损

　　图 3-14 为青岛金王 2023 年 11 月到 2024 年 4 月的 K 线图。

　　从图 3-14 中可以看到，青岛金王的股价在 2023 年 11 月到 2024 年 1 月中旬都表现得十分平缓。K 线前期保持在中长期均线上方滞涨运行，后期小幅将其跌破后缓慢震荡，与之纠缠在一起。期间成交量也没有明显的异动表现，所以，短期变盘方向不明，投资者尚需观望。

　　这样平稳的走势在 1 月上旬有了些许变化，因为成交量开始逐步放量，但股价也只是在中长期均线附近小幅上涨，且始终无法突破 4.00 元价位线的压制。不过这也意味着市场开始有所动作，投资者可继续保持关注。

　　1 月 22 日，缓慢的上涨走势被突然打破，该股在当日收出了一根实体极长的阳线，自上而下穿越了整个黏合在一起的均线组合，低点落到 3.50 元价位线上，形成断头铡刀形态。

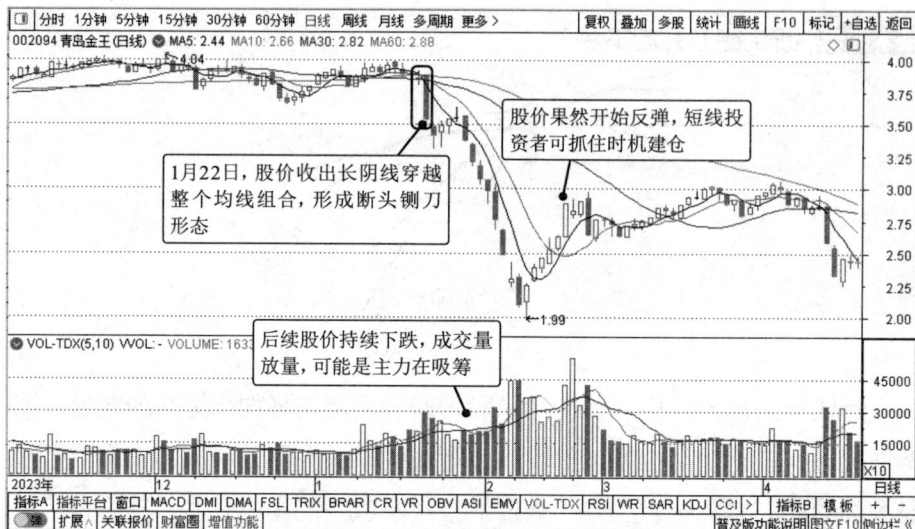

图 3-14　青岛金王 2023 年 11 月到 2024 年 4 月的 K 线图

很显然，市场选择了向下的变盘，且从成交量和 K 线的表现来看，大概率是主力在进行操作，下面来看下跌当日及其前一日的分时走势。

图 3-15 为青岛金王 2024 年 1 月 19 日到 22 日的分时图。

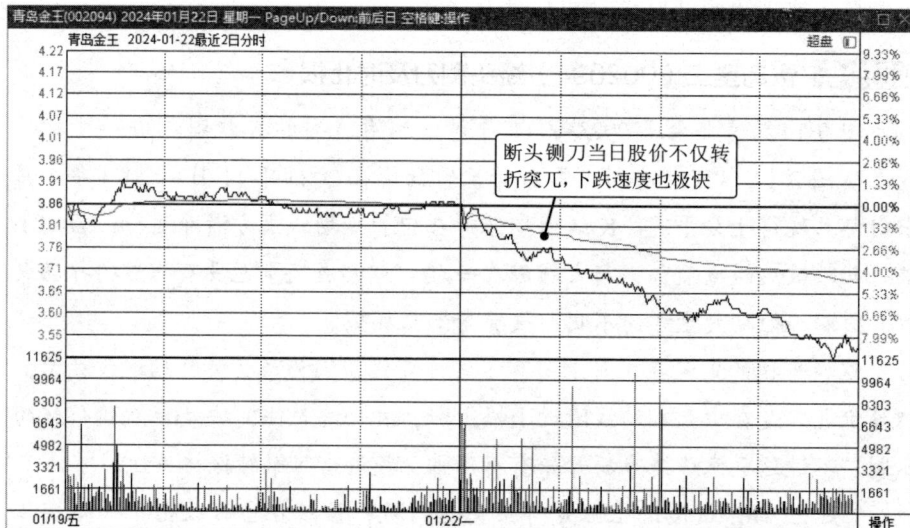

图 3-15　青岛金王 2024 年 1 月 19 日到 22 日的分时图

　　1 月 19 日是股价仍处于中长期均线附近横盘窄幅震荡的交易日，次日就是断头铡刀形成的交易日。从这两日的分时走势对比来看，投资者可以清晰发现此次转折之突兀，股价下跌速度之恒定。

　　这就说明主力在很坚定地压价，至于其目的，既不像出货，更不像震仓，那么投资者就要思考有没有压价吸筹的可能。不过目前还没有更多信息证明，因此，投资者在及时卖出后可以继续观察后续走势。

　　该股在跌到 3.50 元价位线附近短暂反弹数日后继续下跌，并且连续收出多根阴线，每一根阴线的跌幅都很大，且实体之间几乎都留有空隙，这说明场内卖盘在非常主动地压价。

　　除此之外，下方的成交量也表现出对应的放量，整体走势越来越符合下跌后期主力吸纳低价筹码，预备后市拉升的表现。换句话说，该股有可能在后续形成一波强势反弹甚至上涨行情。

　　事实也确实如此，该股在跌到 2.00 元价位线附近后就开始反转上涨，初期涨速就比较快，证实了前期推测。短线投资者盈利有望，此时就可以借此机会建仓抢反弹。

3.1.6　下山滑坡

　　下山滑坡是一种中长期看跌形态，指的是短期均线在股价下降的同时被带动多次出现交叉，并与 K 线一同被中长期均线压制。期间，股价反弹的高点一次比一次低，呈现出一浪一浪往下运行的走势，如图 3-16 所示。

技术图示　**下山滑坡的波段操作时机**

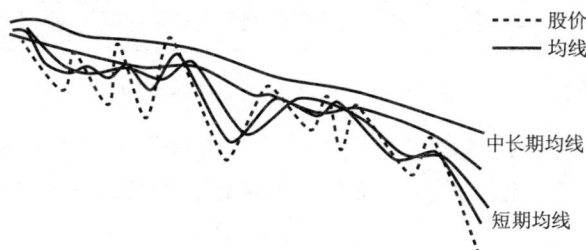

图 3-16　形态示意图

　　一般来说，下山滑坡会出现在持续的下跌行情中，其含义也非常明显，即股价在短时间内难有突破，投资者不可长久停留。

对于场内被套住的中长线投资者来说，下山滑坡中股价反弹的高点可能只能作为止损点看待。但对于短线投资者来说，只要股价震荡幅度够大，就有机会分段抢反弹盈利，只是风险会比较大。

注意，在下山滑坡形态构筑过程中，股价上涨越靠近长周期均线，卖出的信号就越强烈。但如果股价连续上涨突破了长周期均线，并在后续还有继续上涨的趋势时，就意味着大幅的反弹或是新的行情即将来临，短线投资者可根据自身的需求选择是否介入。

接下来通过真实的案例进行深入学习。

实例分析 **广道数字（839680）下山滑坡抓住买点**

图 3-17 为广道数字 2023 年 11 月到 2024 年 7 月的 K 线图。

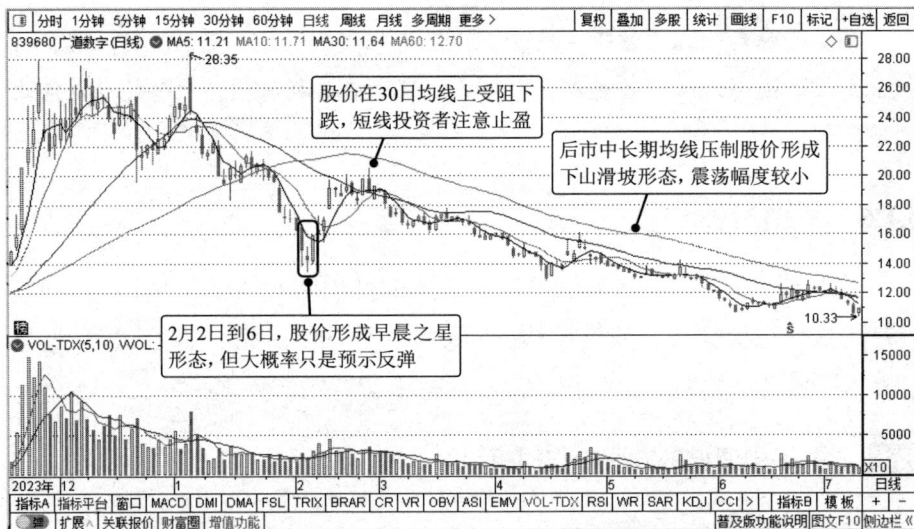

图 3-17　广道数字 2023 年 11 月到 2024 年 7 月的 K 线图

2023 年 11 月，广道数字的股价正处于急速攀升状态，短短数日就从 14.00 元价位线下方上涨至 28.00 元价位线附近，翻倍的涨幅吸引大量短线投资者参与盈利。

不过该股在接触到 28.00 元价位线后就开始反复震荡，12 月的一次上冲也没能越过该压力线，反而在后续收出一根长阴线下探 30 日均线，有转势下跌的迹象，短线投资者要注意了，必要时先行卖出。

在落到 30 日均线上得到支撑后，股价继续上涨并试图突破前期压力线，但也只是小幅突破，后续很快就拐头向下直接跌破 30 日均线。很明显，这就是一个短线卖出信号，在前期就感受到危险信号的短线投资者要立即撤离。

一段时间后，股价落到 20.00 元价位线上，沿着 60 日均线的上升轨迹形成反弹，但最终也没能有更好的表现，而是继续向下将其跌破。在跌破之后，股价的下跌速度更快了，短线投资者不宜参与。

2 月初，股价在 14.00 元价位线附近得到支撑后快速反转，而且还在反转当时形成了一个清晰的早晨之星形态。下面来看这几日的分时走势。

图 3-18 为广道数字 2024 年 2 月 2 日到 6 日的分时图。

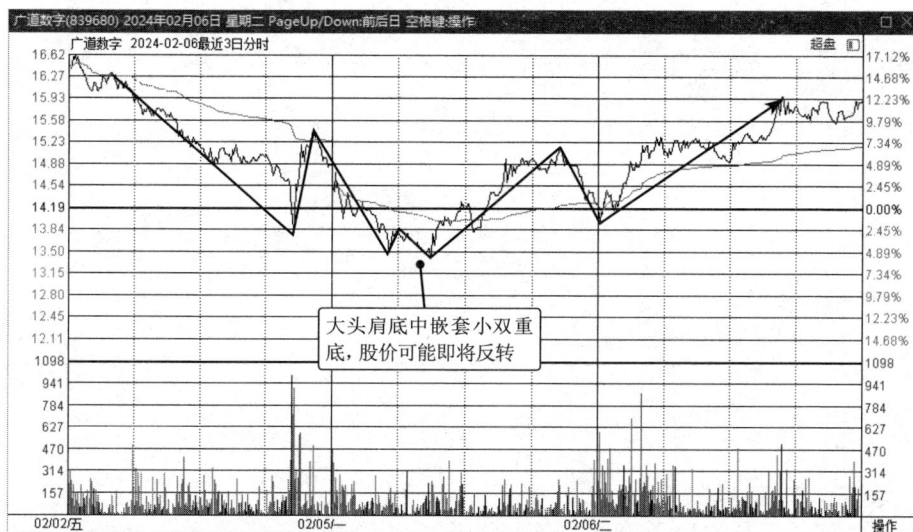

图 3-18　广道数字 2024 年 2 月 2 日到 6 日的分时图

单独观察这三个交易日的分时走势可以发现，股价线都有筑底形态形成。在 2 月 2 日临近收盘时，股价急速下跌后又急速被拉起，形成的是 V 形底；2 月 5 日开盘后不久，股价下跌到 13.50 元价位线附近后两次下跌又两次被拉起，形成双重底；2 月 6 日虽然没有形成过单独的筑底形态，但是将这三日的分时走势结合起来观察，可以很清晰地观察到一个大的头肩底形态。

多个筑底形态在同一时期出现，传递出了很明确的反转信号，短线投资者可尝试在反转之后买进，看股价是否会出现强势反弹。

在此之后，K 线连续收阳上升到 30 日均线附近后滞涨，数日后被持续下行的 30 日均线带动下跌，结束了这一波反弹。同时由于中长期均线已经全部转为向下的压制，一个下山滑坡形态也已经开始呈现，短线投资者要及时利用高位机会卖出兑利。

3.2 布林指标寻找转折点

BOLL 指标也就是人们常说的布林指标，它还有布林通道、布林线等别称。指标主要由三条线构成，即布林上轨线、布林中轨线和布林下轨线，叠加在 K 线上时，分别起到不同的作用，如图 3-19 所示。

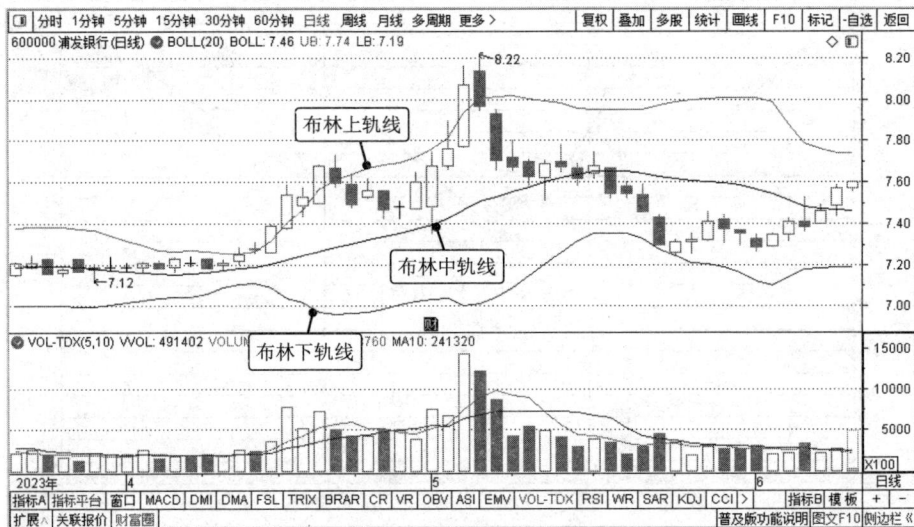

图 3-19 K 线图中的布林指标

从图 3-19 中可以看到，布林指标的上轨线和下轨线会随着股价的变动而扩张、收缩，形成一个具有弹性的价格区间，对股价的运行起到一定的限制作用。布林中轨线则多用于判断股价的变盘方向，起到趋势指向的作用。

一般来说，布林指标是默认放在副图指标窗口中使用的，图 3-19 中叠加在 K 线上的布林指标的公式有过修改。修改方法也很简单，投资者在副图指标窗口中调出布林指标后右击任意一条指标线，在弹出的快捷菜单中选择"修改当前指标公式"命令，如图 3-20 所示。

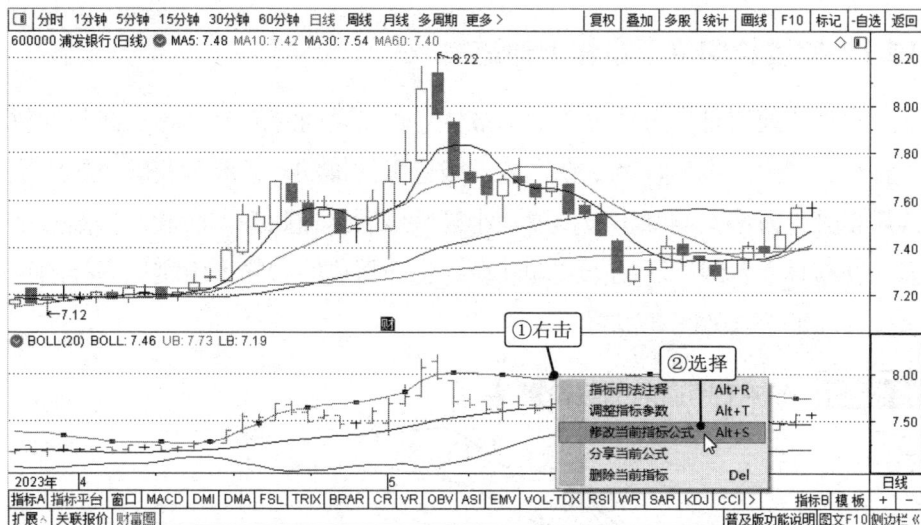

图 3-20　调出指标公式编辑器

　　然后在打开的"指标公式编辑器"对话框中单击右上方"画线方法"右侧的下拉按钮，在弹出的下拉列表中选择"主图叠加"选项，最后单击右侧的"确定"按钮完成修改，如图 3-21 所示。

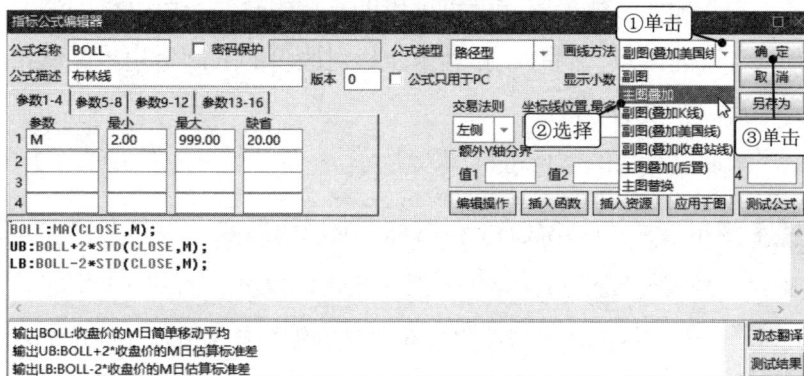

图 3-21　修改布林指标叠加方式

　　修改完成后，投资者再在 K 线图中调出布林指标，就会直接叠加在 K 线上，方便观察和分析。当然，如果投资者希望使用其他主图指标配合布林指标共同分析，也可以不修改其叠加方式，具体可根据实际情况而定。

下面来看一下布林指标的具体使用方法。

3.2.1　K 线长期位于布林上通道

布林上通道是指布林中轨线与布林上轨线之间的范围，而 K 线长期位于布林上通道的本质，就是在市场积极追涨的推动下，股价突破布林中轨线后在其上方多次回踩不破，或是小幅跌破后迅速回升。而股价的高点则多次在布林上轨线的压制下波动回调，进而形成的如同上山爬坡一样的持续性看涨形态，如图 3-22 所示。

技术图示　布林上通道内的股价震荡

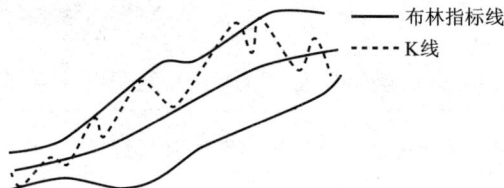

图 3-22　形态示意图

一般情况下，股价只要没有彻底跌破布林中轨线，市场就会将上涨走势延续下去。那么短线投资者就可以借助布林中轨线与股价之间的位置关系来寻找合适的买点，同时，布林上轨线对股价的限制作用也能够帮助短线投资者及时止盈或止损。

接下来通过真实的案例进行深入学习。

实例分析　沃尔核材（002130）在布林上通道内做多

图 3-23 为沃尔核材 2024 年 1 月到 9 月的 K 线图。

2024 年 1 月，沃尔核材的股价还在布林中轨线之下运行，但在 4.80 元的位置触底后，该股开始反转向上并很快成功突破布林中轨线的压制，进入布林上通道内。

在第一波上涨中，股价刚开始的涨速还不算快，但稳定性极好，价格几乎没有明显回踩布林中轨线，因此，短线投资者可保持持有，在恰当的时候卖出兑利即可。

　　3 月下旬，成交量突然连续放出巨量将价格急速上推，股价在短期暴涨的同时甚至小幅越过了布林上轨线的限制，可见市场追涨的热情之高。那么短线投资者就可以抓住机会建仓做多。

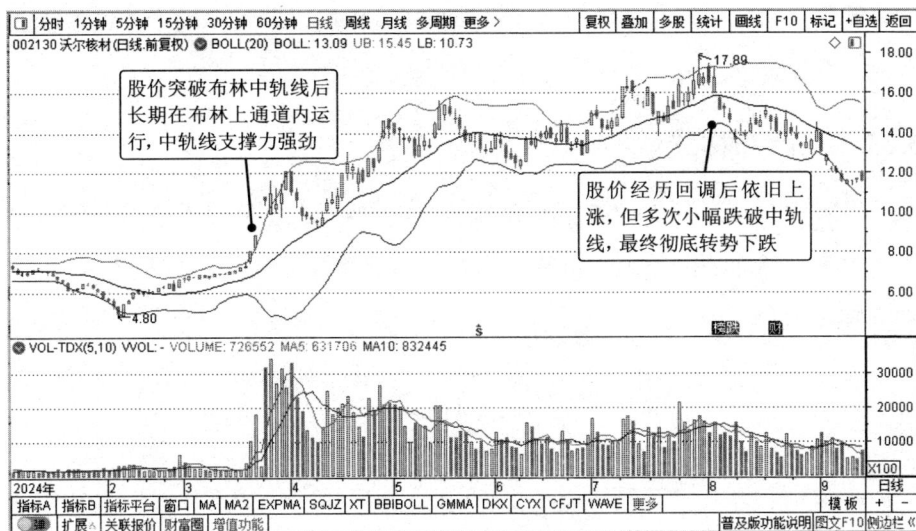

图 3-23　沃尔核材 2024 年 1 月到 9 月的 K 线图

　　在短期暴涨的后期，股价大概率会通过快速地下跌来筛选掉短期获利盘，因此，当短线投资者发现股价开始滞涨甚至收阴时，就要抓住时机迅速抛盘兑利，避开回调带来的损失。

　　布林中轨线的支撑力在此次回调中得到充分体现，股价在接触到该关键线后就止跌反转，开启下一波上涨。这时的股价基本已经在布林上通道中稳定下来，波动规律性较强，短线投资者可随着震荡的节奏而买卖。

　　这样的波动上涨一直持续到 5 月下旬，该股在 16.00 元价位线下方受阻后再次向布林中轨线靠近，但这一次股价却跌破该支撑线，说明可能是一次深度回调甚至是下跌行情到来的标志。前期已经卖出的短线投资者不必急于介入，还没出局的要抓紧时间。

　　不过好在该股只是跌到布林下轨线附近就止跌回升了，并且很快重新回到布林中轨线之上，说明该股仍有上涨潜力，短线投资者可尝试重新建仓。

　　在后续的一段时间内，该股仍旧长期在布林上通道内震荡，但时不时就会跌破或突破到上通道外部，上涨稳定性不太好，短线投资者在持股时要保持谨慎，以免股价突然转入下跌行情被套。

从后续的走势中可以看到，该股在创出 17.89 元的新高后就拐头向下并彻底跌破布林中轨线。这与前期一样，是明确的卖出信号，短线投资者可卖出后观望一段时间，发现股价回抽不过该压力线时，就可以另寻其他优质个股进行操作。

3.2.2　飞跃布林线

当股价在短时间内急剧上涨，就有可能导致 K 线突破到布林上轨线之外，脱离布林通道的范围，形成飞跃布林线，如图 3-24 所示。

技术图示　飞跃布林线的强势信号

图 3-24　形态示意图

一般来说，飞跃布林线代表市场的超涨现象。因为股价需要在短时间内急速上涨，涨速快到布林通道暂时难以跟上步伐，才能使得 K 线突破到布林上轨线之外。当这一波暴涨结束，股价大概率会在巨大抛压的影响下破位布林上轨线，快速回归到布林通道之内。

这种形态出现的位置不受限制，上涨行情、下跌行情乃至震荡行情中都存在它的身影。既然形成位置不同，那么这些形态发出的超买信号强度也有所变化，短线投资者在操盘时要灵活变通，及时作出买卖决策。

接下来通过真实的案例进行深入学习。

实例分析　博迅生物（836504）飞跃布林线迅速跟进

图 3-25 为博迅生物 2023 年 9 月到 2024 年 2 月的 K 线图。

2023 年 11 月之前，博迅生物的股价始终被压制在布林中轨线下方运行。期间由于震荡幅度较小，整个布林通道都呈现出收紧状态，并不适合短线投资者参与操作。

不过在进入 11 月后不久，股价成功向上完成突破，但初期涨速还是很慢，价格在遇到 10.00 元价位线的阻碍后还横盘滞涨了一段时间。因此，短线投资者可以不着急买进，或者轻仓买进。

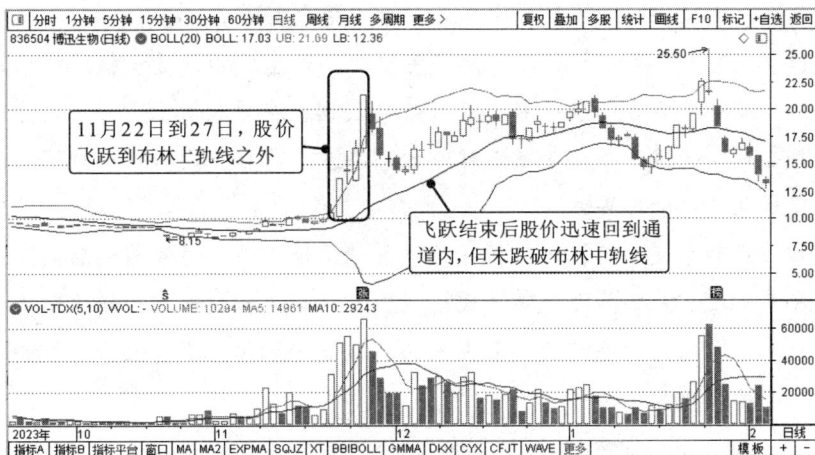

图 3-25　博迅生物 2023 年 9 月到 2024 年 2 月的 K 线图

11 月下旬，成交量突然释放出一波巨大的量能，股价在其推动下迅速暴涨，从 11 月 22 日开始收出长阳线并穿越到布林上轨线之外，形成了飞跃布林线形态。下面来看这几日的分时走势。

图 3-26 为博迅生物 2023 年 11 月 22 日到 27 日的分时图。

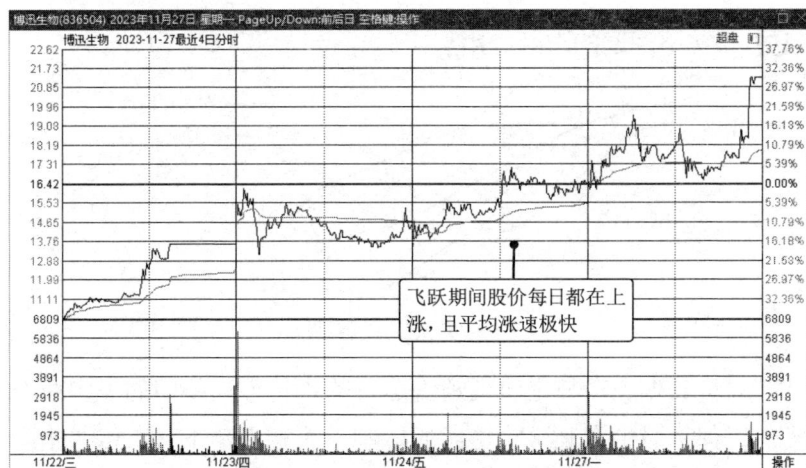

图 3-26　博迅生物 2023 年 11 月 22 日到 27 日的分时图

11 月 22 日，股价从开盘后就形成了上涨，期间只在 11.11 元价位线上稍作停留，后续直线拉升小幅震荡，最终以涨停收盘。相较于前期的小 K 线来说，这已经是非常明显的拉升开启标志了，与此同时，K 线还形成飞跃布林线，反应快的短线投资者当天就可以建仓买进。

11 月 23 日，股价主要在进行震荡整理，开盘后的巨量量柱说明场内交易活跃，既有买方在活跃追涨，也有短期获利盘在兑利卖出。并且由于股价当日并未形成明显下跌，飞跃布林线的形态依旧存在，没能在前期买进的短线投资者也可以借此买进。

再往后两个交易日，股价就逐步恢复稳定地上涨，并且越到后期涨速越快，直至 11 月 27 日再次以涨停收盘。尽管在此之后股价就开始收阴下跌，回到布林通道内，但这短短数日带来的收益几乎翻倍，投资性价比极高，可见飞跃布林线的意义。

3.2.3　K 线长期位于布林下通道

布林下通道就是布林中轨线与布林下轨线之间的范围。当布林中轨线被股价跌破后，前期的支撑作用大概率会转为压制作用，这导致股价在未来的一段时间内难以向上突破，向下又不会轻易跌破布林下轨线，最终稳定在布林下通道内持续下滑，如图 3-27 所示。

技术图示 布林下通道的限制作用

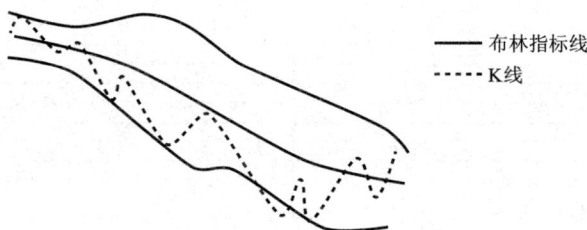

图 3-27　形态示意图

其实股价长期在布林下轨通道内运行的走势与均线中的下山滑坡形态比较类似，都是股价在某一关键线的压制下长期震荡下行，传递出中长期看跌信号，警示投资者谨慎参与。

与下山滑坡的应对策略一样，如果股价震荡幅度足够大，短线投资者就可以借助布林下通道对股价的限制作用选择合适的买卖点进行波段操作；如果股价震荡幅度较小，且在持续下跌，那么短线投资者最好还是另寻他股做多。

接下来通过真实的案例进行深入学习。

实例分析 天准科技（688003）布林下通道看跌信号

图 3-28 为天准科技 2023 年 5 月到 10 月的 K 线图。

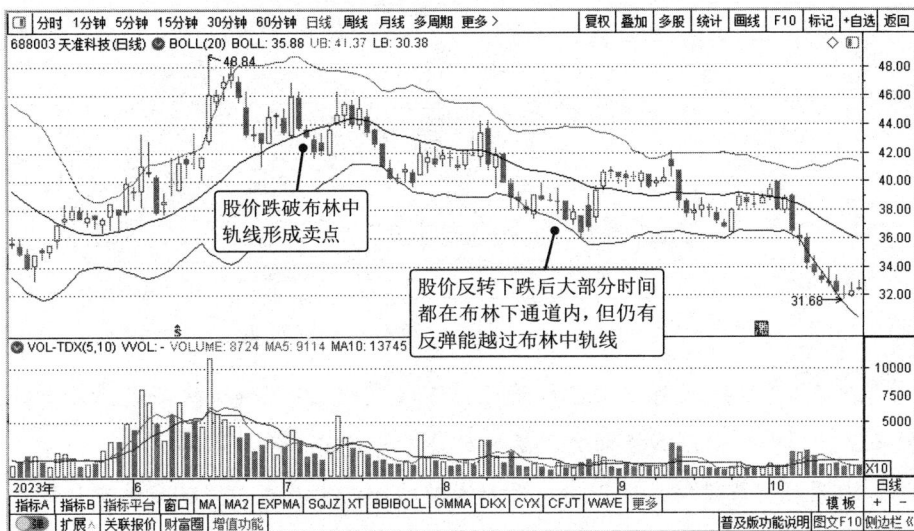

图 3-28　天准科技 2023 年 5 月到 10 月的 K 线图

天准科技在这段时间内其实经历了两次比较明显的转折，一次是在 2023 年 5 月，股价由下跌转为上涨，突破布林中轨线后运行到布林上通道内稳定震荡运行，期间还偶尔因为单日涨速过快而形成过飞跃布林线。这段时间内，短线投资者就可以寻找合适的时机建仓介入。

不过在 6 月中旬，股价上涨至 48.00 元价位线附近后受阻反转，跌到布林中轨线上后并未回归上涨，而是在震荡数日后继续向下彻底将其跌破，进入布林下通道内。

当股价又一次反弹没能越过布林中轨线后，该股的下跌走势也就稳定了下来。这时候观察股价震荡幅度可以发现，还是有反弹盈利机会的，因此，场内外短线投资者都可以尝试波段买卖，但要注意风险和仓位管理。

下面再来看一下后续的走势。

图 3-29 为天准科技 2023 年 10 月到 2024 年 3 月的 K 线图。

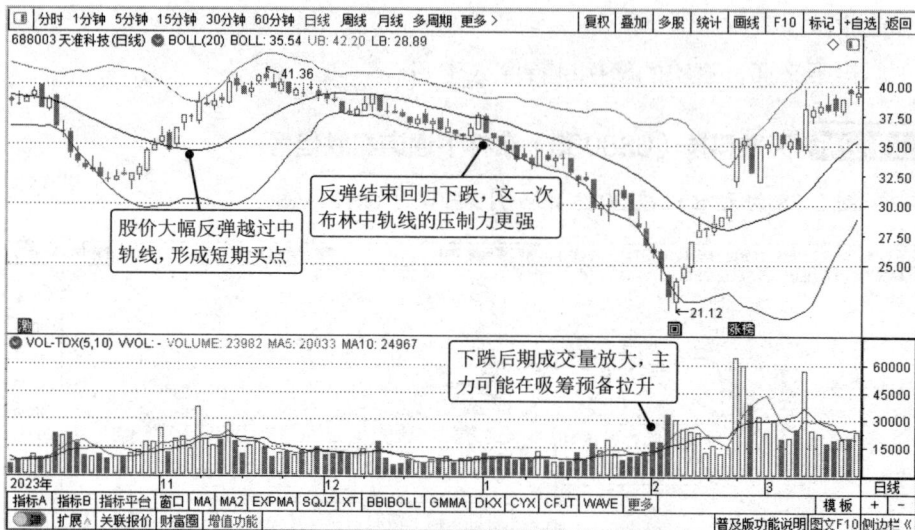

图 3-29　天准科技 2023 年 10 月到 2024 年 3 月的 K 线图

到了 2023 年 10 月下旬，股价已经下跌到 32.50 元价位线附近，短期跌幅还是比较大的，短线投资者在离场后要等待时间，不可冒进。

10 月底，股价结束低位盘整开始大幅收阳向上并成功突破布林中轨线，在此期间的涨速非常稳定，K 线几乎没有形成过有效回调，因此，短线投资者完全可以趁机跟进抢反弹。

11 月中旬，该股的这次强势反弹才算结束，后续逐步进入下跌走势中。当股价跌破布林中轨线后，投资者会发现这一次的下跌速度也是相当的稳定，股价没有形成过比较值得参与的反弹。在此期间，短线投资者就不能再参与，以免被套。

不过，越到后期股价下跌速度越快，连带着成交量也开始逐步放量，形成量增价跌的背离。经过前面一些案例的学习投资者已经知道，这可能是主力低位吸筹的手段，待到吸筹结束，股价可能转势拉升，短线投资者可等待时机抄底介入，抓住后续涨幅。

3.2.4　跳水布林线

跳水布林线与前面介绍过的飞跃布林线相对应，指的是股价在短时间内跌速过快导致布林下轨线跟不上，K 线跌到布林通道之外的形态，如图 3-30 所示。

技术图示 跳水布林线可能反转

　　—— 布林指标线
　　------ K线

图 3-30　形态示意图

大多数情况下，这种跳水布林线传递的都是看跌信号，股价有可能在后续的反弹中遇到布林中轨线的阻碍而继续下跌。不过在某些特殊情况下，比如下跌过程中有主力参与吸筹，那么后市还是有可能形成强势反弹甚至拉出一波上涨行情的。

不过，尽管这种暴跌中包含着可能的反转，但形态短时间内造成的杀伤力是非常大的，毕竟要想一举破位布林下轨线，股价可能需要跌停才能做到。对于短线投资者来说，一个交易日的跌停都已经是比较沉重的损失了，更不要说后续股价可能还会持续下跌。

因此，布林下轨线被破位的同时，短线投资者就需要立即出局，不能停留。若股价后续还有上涨可能，等到趋势止跌反弹后重新入场不迟。

接下来通过真实的案例进行深入学习。

实例分析 国投中鲁（600962）跳水布林线的买卖点

图 3-31 为国投中鲁 2022 年 3 月到 7 月的 K 线图。

2022 年 3 月到 4 月中旬，国投中鲁的 K 线基本都在布林中轨线上方运行，且震荡幅度极小，使得布林通道紧缩在 K 线附近。这也意味着如果股价在短时间内形成剧烈波动，K 线极有可能跳跃到通道之外。

4 月中旬，股价开始向上攀升并小幅越过布林上轨线，形成上升迹象。但就在许多投资者都认为拉升即将开启时，K 线突然连续收出三根实体较长的阴线，且每根阴线之间都存在缺口，导致股价直接跌到布林下轨线之外，形成一个清晰的跳水布林线形态。

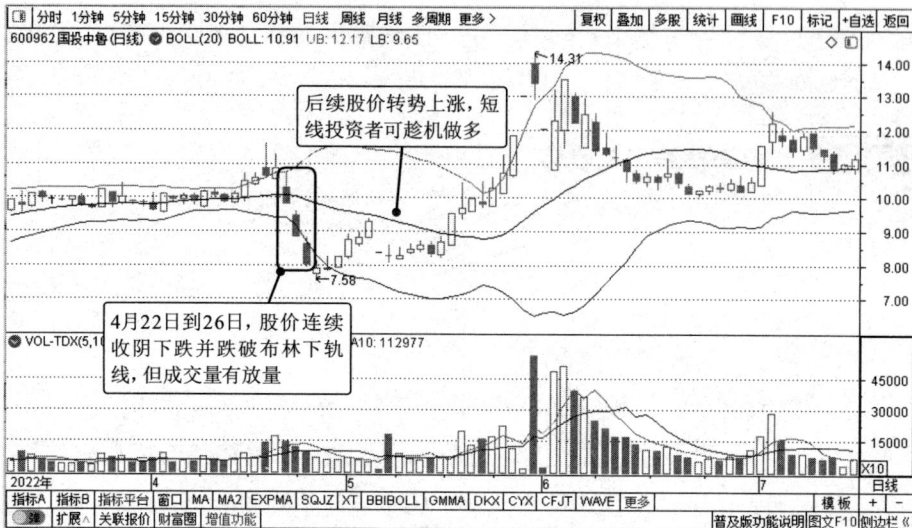

图 3-31　国投中鲁 2022 年 3 月到 7 月的 K 线图

下面来看这三日的分时走势。

图 3-32 为国投中鲁 2022 年 4 月 22 日到 26 日的分时图。

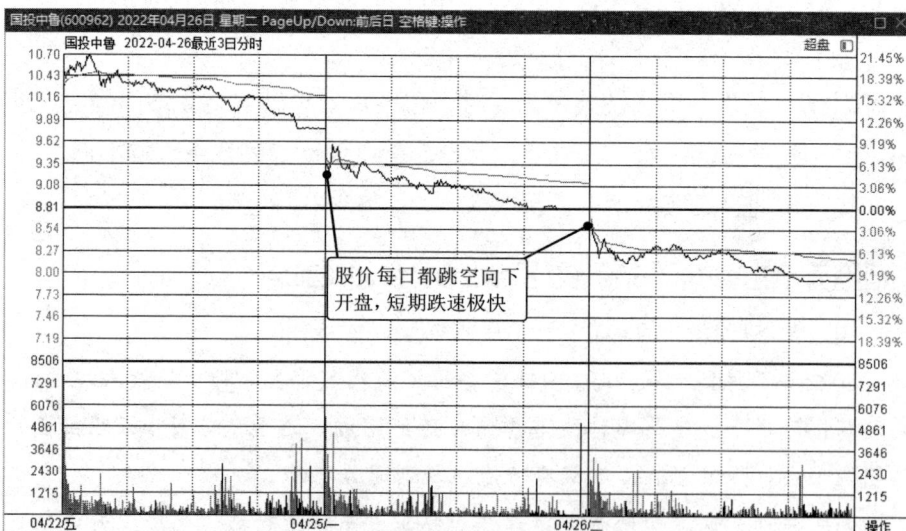

图 3-32　国投中鲁 2022 年 4 月 22 日到 26 日的分时图

从图 3-32 中可以看到，国投中鲁的股价在这三日内的走势其实相差不大，都是在开盘后小幅震荡向上，受阻后拐头下跌，最终落到跌停板上，以极低的价格收出长阴线。

原本就有跳空缺口存在，每日 K 线还都是跌停阴线，已经充分说明市场中卖盘在主动压价。结合股价由平稳震荡转为小幅拉升后暴跌的走势来看，主力参与的可能性极高，目的大概率是压价吸筹。不过由于股价尚未形成明显的转折迹象，短线投资者要在跳水布林线构筑期间保持观望，等待时机。

4 月底，股价在 7.58 元的位置触底后迅速反转收阳回到布林通道内，且很快向上靠近布林中轨线。尽管价格并未在第一时间将其突破，但后续下跌的低点也没有跌破前期，因此，还是有上升潜力的。

5 月中旬，股价成功越过布林中轨线的束缚，向等在场外的短线投资者发出强烈的买进信号。这时候无论短线投资者在前期是否有过建仓，都可以借此机会再次加码，抓住后续的强势反弹。

3.2.5 布林通道开口与收口

布林通道的开口与收口形态是比较特殊的一种通道应用，其中的开口指的是当股价在短时间内产生剧烈涨跌变化时，布林通道为了适应和容纳逃逸的 K 线而形成的一种扩张形态，如图 3-33（左）所示。

而布林通道的收口指的是股价从上涨或下跌走势转为小幅震荡状态时，布林上下轨线跟随收紧的形态，如图 3-33（右）所示。

技术图示 布林通道向上开口（左）与向上收口（右）

—— 布林指标线   ····· K 线

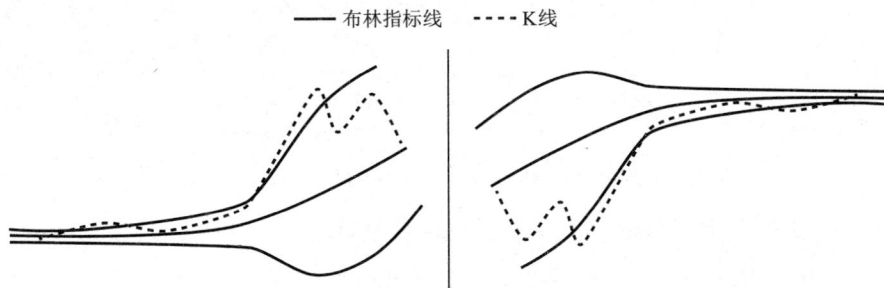

图 3-33 形态示意图

在布林通道开口形态的构筑过程中，无论 K 线朝哪一方向运行，布林指标的上下轨线都会向上下两边发散，而不是单纯向着股价运行方向转折。股价涨跌幅度越大，布林通道的张口就越大。

而布林通道开口后的变盘方向主要取决于布林中轨线的支撑和压制作用，以及市场的态度。如果股价长期位于中轨线之上，市场看好个股，那么就有更大概率产生向上的剧烈变化，布林上轨线和下轨线在短暂向两边扩张后都会转向上方，构成买进形态，反之亦然。

至于布林通道的收口，一般代表着股价涨势或跌势暂缓，K 线震荡幅度变小，说明市场正在斟酌。在价格没有产生明显的方向性变化时，短线投资者还是应以观望为佳，待到其有所变动时再进行决策。

接下来通过真实的案例进行深入学习。

实例分析 不同方向的开口和收口

图 3-34 为星辰科技（832885）2023 年 7 月到 2024 年 1 月的 K 线图。

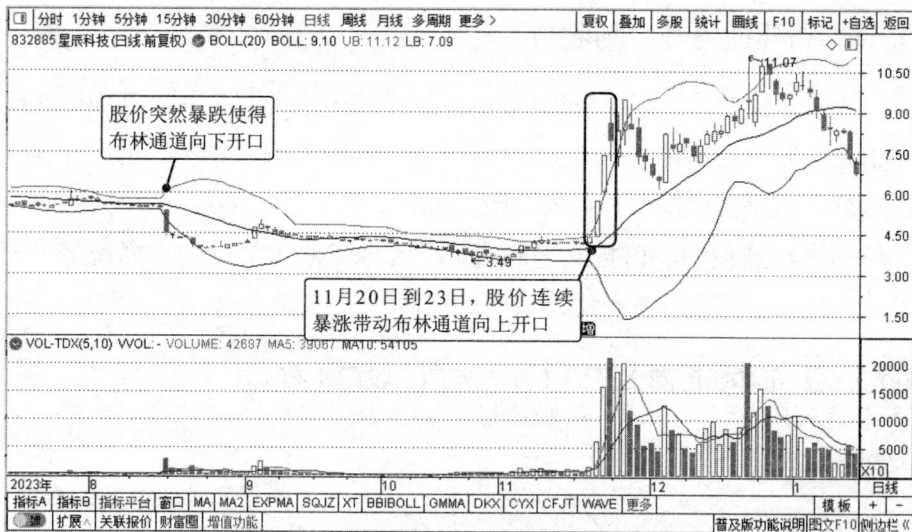

图 3-34　星辰科技 2023 年 7 月到 2024 年 1 月的 K 线图

从图 3-34 中可以看到，星辰科技的股价在整段走势中出现了两次比较明显的开口形态，但方向有所不同，下面就来逐一进行分析。

来看 2023 年 8 月的开口，在此之前股价长期位于布林中轨线下方，成交量表现平平，说明市场预期不高，股价更有可能下跌。

不过 8 月中旬形成的单根超大阴线还是比较出乎意料的，布林通道也因此迅速开口，布林上轨线也很快随着股价的持续下跌而转向下方。这时候场内的短线投资者要注意撤离，场外的就不要参与了。

在后续的走势中，股价触底后回升，但也只是回升到布林中轨线附近就继续窄幅震荡，缓慢下跌。这就使得布林通道明显收缩起来，聚拢在 K 线附近形成收口。在此期间，短线投资者也不可轻举妄动。

这样的走势一直持续到 10 月底，股价在触底后拐头向上成功突破布林中轨线，开始在布林上通道内横盘震荡。11 月 21 日，盘中毫无预兆地产生了巨大量能推动股价形成暴涨，K 线直接突破到布林上轨线之外形成飞跃布林线。除此之外，布林通道也大幅开口，发出强烈拉升信号。

下面来看这几日的分时走势。

图 3-35 为星辰科技 2023 年 11 月 20 日到 23 日的分时图。

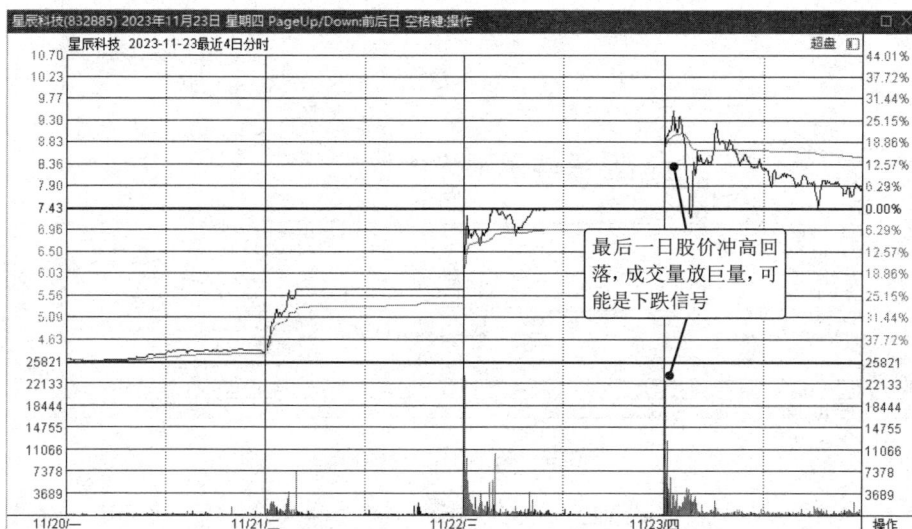

图 3-35　星辰科技 2023 年 11 月 20 日到 23 日的分时图

图 3-35 为星辰科技暴涨和暴涨前后总共四个交易日的走势，从分时图中可以看到，11 月 21 日的股价涨势与 11 月 20 日产生了强烈对比，股价从开盘后就在急速拉升，半个小时不到就冲上涨停板封住，直至收盘，留给投资者思考并建仓的时间非常短。

不过好在次日股价并未直接以涨停开盘，因此，发现机会的短线投资者还可以在相对低位迅速建仓，等待后市上涨。

不过，11 月 23 日，股价已经开始表现出冲高回落的状态，这也符合飞跃布林线出现后的回调，因此，短线投资者可先行借高卖出。

从 K 线图中后续的走势也可以看到，该股确实很快回调到布林中轨线上，在此止跌后继续上升，短线投资者又可以买进了。

3.3　MACD 指标的丰富信息

要学习 MACD 指标的特殊短线买卖形态，投资者首先要熟悉指标的结构和研判依据，下面通过图 3-36 先来认识一下 MACD 指标。

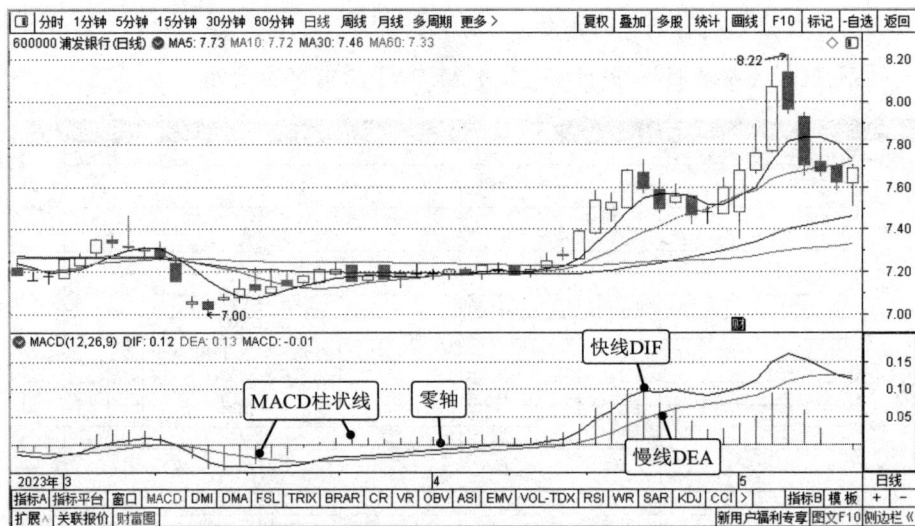

图 3-36　MACD 指标的构成

从图 3-36 中可以看到，MACD 指标主要由指标线（快线 DIF、慢线 DEA）、MACD 柱状线（零轴上红柱、零轴下绿柱）及零轴构成，整体结构还是比较简单的，但其中却蕴含着极为丰富的信息。

首先，MACD 指标中的两条指标线在很大程度上代表着股价的涨跌趋势。当 DIF 运行在 DEA 之上并持续上行时，场内多方占优，股价大概率也在向上运行，即便在横盘，未来的变盘方向也很有可能是向上的；当

DIF 运行在 DEA 之下并持续下行时，场内空方占优，股价很可能正在下跌，或者即将由横盘转为下跌。

其次，MACD 柱状线反映的是 DIF 与 DEA 之间的距离和位置关系。当 DIF 运行于 DEA 之上时，MACD 柱状线位于零轴上方呈红色，DIF 与 DEA 之间的乖离值越大，MACD 红柱越长；当 DIF 运行于 DEA 之下时，MACD 柱状线位于零轴下方呈绿色，DIF 距离 DEA 越远，MACD 绿柱越长。

最后，零轴往往被视作多空市场的分界线。市场上涨趋势是否积极，未来是否有冲击更高价的可能，很多时候都要借助 MACD 指标线与零轴之间的位置关系来判断。

由此可见，MACD 指标中存在大量可供分析的信息，短线投资者在使用时可以结合 K 线走势来共同分析，以尽量提高成功率。

下面就来学习一些常见的 MACD 指标短线买卖形态。

3.3.1　黑马飙升

黑马飙升是一种比较常见的且具有强烈看涨意义的 MACD 特殊形态。它的研判关键在于 DIF 和 MACD 红柱，当股价在短时间内呈现出明显的突兀拉升状态，带动 MACD 指标线迅速从零轴附近上升，DIF 与 DEA 之间的距离就会拉开，MACD 红柱也会向上延伸，进而形成 MACD 红柱支撑 DIF 持续上扬的飙升形态，如图 3-37 所示。

技术图示 **黑马飙升急速上涨**

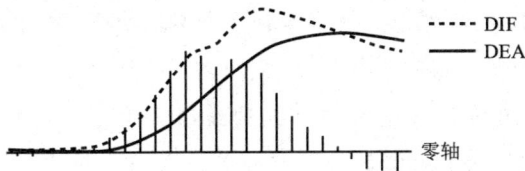

图 3-37　形态示意图

这种形态往往是股价横盘到后期变盘向上才会形成的，因为在此之前 MACD 指标线要处于零轴附近，这才能使得 DIF 在后续保持在延长的

MACD 红柱之上。

因此，黑马飙升对于短线投资者来说具有很重要的建仓意义。如果在同一时期 K 线能够形成一些特殊形态，或是均线能够持续向上发散，那么买进信号将会更加清晰，短线投资者买进也会更有底气。

接下来通过真实的案例进行深入学习。

实例分析 纬达光电（873001）黑马飙升买进信号

图 3-38 为纬达光电 2023 年 10 月到 2024 年 1 月的 K 线图。

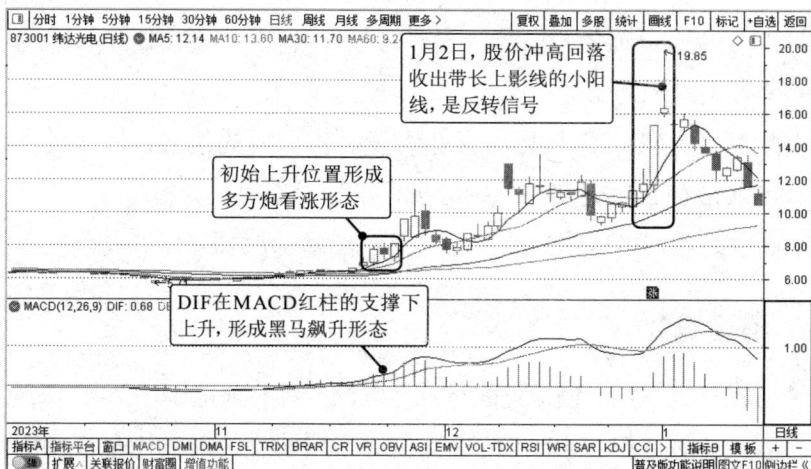

图 3-38　纬达光电 2023 年 10 月到 2024 年 1 月的 K 线图

先来看纬达光电的前期走势，不难看出该股长时间处于 6.00 元价位线附近进行窄幅震荡，K 线与均线组合纠缠在一起，呈现出整体走平的状态。

不过在 10 月底于 5.71 元的位置触底后，股价还是有一定的上升，只是幅度较小，MACD 指标也一直位于零轴下方不远处，市场积极信号不明显，许多短线投资者都没有参与其中。

11 月上旬，股价已经逐步回升到均线组合上方，使得 MACD 指标线也运行到零轴附近，MACD 红柱稍显拉长。整个市场当前处于一种相对平静，但各方都在等待正式突破到来的状态，短线投资者也要静心观望。

11 月中旬之后，突破终于来临，K 线开始收出阳线站在均线组合之上，并在后续明显拉升向上，在 8.00 元价位线附近形成一个多方炮形态。这种形态也称两阳夹一阴，意味着股价将在短暂整理后继续上涨。

与此同时，MACD 指标中的 DIF 也开始向上远离 DEA，使得 MACD 红柱拉长并支撑着 DIF 向上攀升，形成黑马飙升形态。结合同一时期出现的 K 线多方炮和均线组合向上发散，市场已经开始积极追涨，短线投资者也可抓住时机建仓。

在后续的走势中，股价于 10.00 元价位线上受阻后短暂回调整理，低点踩在 8.00 元价位线上继续拉升。就这样波浪上升一个多月后，股价已经来到 16.00 元价位线以上，短期涨幅极为可观，短线投资者即便采用分段操作的方式，也能积累不少的收益。

但需要注意的是，就在股价越过 16.00 元价位线的当日，也就是 2024 年 1 月 2 日，K 线收出的是一根带有极长上影线的小阳线，下影线很短。这种形态往往被视作高位反转的信号，短线投资者此时可进入分时走势中进一步分析。

图 3-39 为纬达光电 2023 年 12 月 28 日到 2024 年 1 月 2 日的分时图。

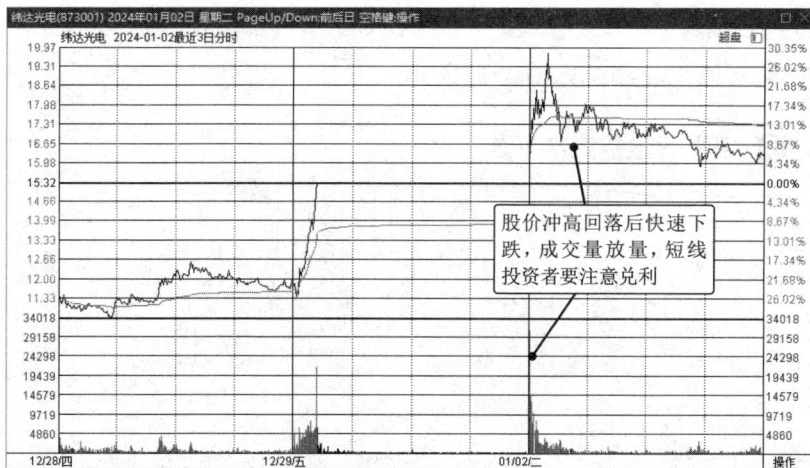

图 3-39　纬达光电 2023 年 12 月 28 日到 2024 年 1 月 2 日的分时图

图 3-39 为纬达光电冲高回落当日和前面两日的分时走势，从分时图中可以看到，12 月 29 日股价在开盘后的涨速极快，数十分钟后就到达涨停并长期封板，直至收盘。封板前夕成交量释放出巨大的量能，充分证明市场中有主力在参与推动，因此，投资者也有必要警惕其出货行为。

1月2日的走势就很明显了，股价在开盘后依旧积极拉升，但在触顶后立即反转向下，短短几分钟就跌到开盘价上方不远处震荡，最终一路下滑，以较低的价格收盘。

再来看成交量的表现，可以看出当日开盘后的量能峰值比前日涨停时还高，明显是主力在进行大批交易，目的很有可能是借高出货，那么这里的冲高回落就意味着股价即将发生转折。因此，机警的短线投资者当日就需要跟随卖出，保持观望。

回到K线图中，股价在此之后确实进入下跌之中，且越到后期跌速越快。当K线跌破10日均线时，MACD指标线中的DIF也明显向下转折并有跌破DEA形成高位死叉的迹象。这时短线投资者再不离场，遭受的损失可能就会比较大了。

3.3.2 下移双重谷

下移双重谷指的是当MACD指标线都位于零轴以下时，DIF与DEA两次向下发散，又两次收敛，导致MACD绿柱形成两个波谷，且第二个波谷要明显低于前期，如图3-40所示。

技术图示 **下移双重谷二次下跌**

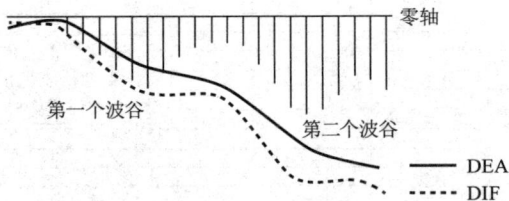

图3-40 形态示意图

MACD绿柱的第二个波谷低于前期，就意味着DIF二次向下时更加远离DEA，从侧面证明市场的消极情绪越发浓重，股价的跌势可能也更加迅猛，传递出明显的短期看跌信号。

此时，不管后市股价有没有见底反转的可能，短时间内的下跌趋势是已经确定的。而且短线投资者不像中长线投资者那样可以长期在低位持有等待上涨，因此，在遇到下降双重谷时，短线投资者还是应尽快出局观望，等到股价彻底反转时再入场不迟。

接下来通过真实的案例进行深入学习。

实例分析 永鼎股份（600105）下移双重谷注意撤离

图 3-41 为永鼎股份 2023 年 11 月到 2024 年 4 月的 K 线图。

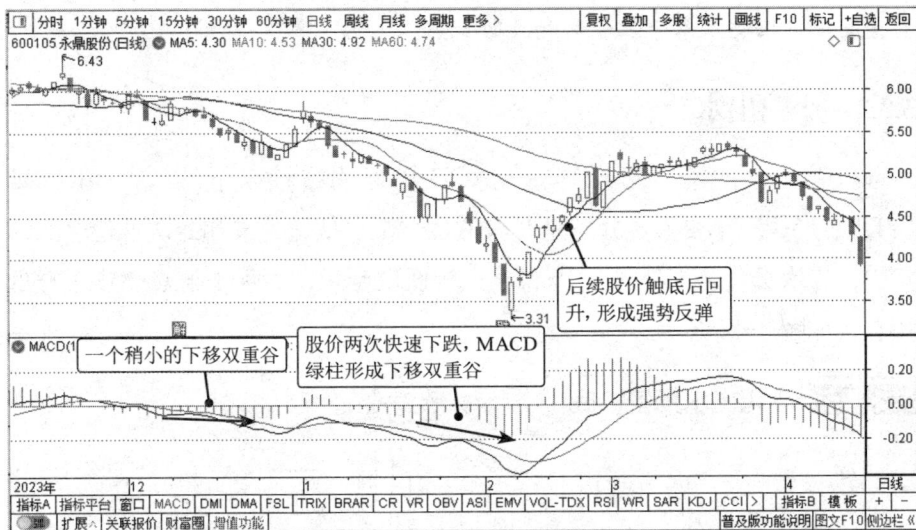

后续股价触底后回升，形成强势反弹

一个稍小的下移双重谷

股价两次快速下跌，MACD 绿柱形成下移双重谷

图 3-41　永鼎股份 2023 年 11 月到 2024 年 4 月的 K 线图

在永鼎股份前期的走势中，股价长期被压制在中长期均线下方，期间虽有反弹，但幅度都比较小，也始终没有成功越过 30 日均线，因此，并不适合风险承受能力较弱的短线投资者参与。

观察这段时间内的 MACD 指标可以发现，早在 12 月初，MACD 指标线就随着股价的持续下滑而落到零轴以下，同时 DIF 跌破 DEA 使得 MACD 柱状线由红转绿，市场消极信号形成。

其实这个时候投资者就已经可以看出一个稍小的下移双重谷了，尽管 MACD 绿柱的波谷下移幅度不大，但整体看来，无论是柱状线还是指标线都符合下移双重谷的形态要求。因此，场内的短线投资者还是有必要根据其释放出的卖出信号及时离场。

进入 2024 年 1 月后，股价已经跌到 5.00 元价位线以下，在 4.50 元价位线上短暂停滞后股价小幅反弹，数日后继续下跌。这时候 DIF 并未向上突破

DEA，而是在靠近后又向下远离，再度形成一个更加清晰的下移双重谷形态。不过由于此时大部分短线投资者都已经撤离，所以这里的下移双重谷更多的是警示投资者不要轻易介入。

从后续的走势中可以看到，在此次加速下跌之后，股价迅速于底部反转回升，朝着 30 日均线进发，开启一波强势反弹。短线投资者可利用此次机会抢反弹，但要注意仓位管理和及时止盈。

3.3.3　小鸭出水

小鸭出水的整个形态都在 MACD 指标的零轴以下形成，DIF 需要与 DEA 形成三个交叉，分别是一次低位金叉、低位死叉和二次低位金叉。其中，二次低位金叉需要适当高于一次低位金叉，表现出低点逐步上移的状态，如图 3-42 所示。

技术图示　小鸭出水预备抄底

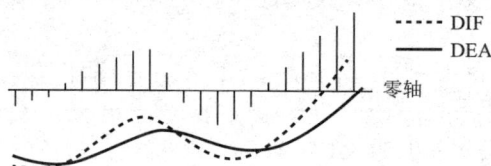

图 3-42　形态示意图

小鸭出水的研判关键其实就是二次低位金叉，它意味着股价从相对低位开始回升，并且经过整理后依旧看多。如果二次低位金叉形成后不久，DIF 和 DEA 能够相继运行到零轴以上，小鸭出水形态的买入信号将会得到进一步验证。

由此可见，小鸭出水形态中的买点还是比较丰富的，无论是一次低位金叉处、二次低位金叉处还是指标线突破零轴处，短线投资者都可以考虑建仓或加仓。

接下来通过真实的案例进行深入学习。

实例分析　创远信科（831961）小鸭出水开启上涨

图 3-43 为创远信科 2023 年 8 月到 12 月的 K 线图。

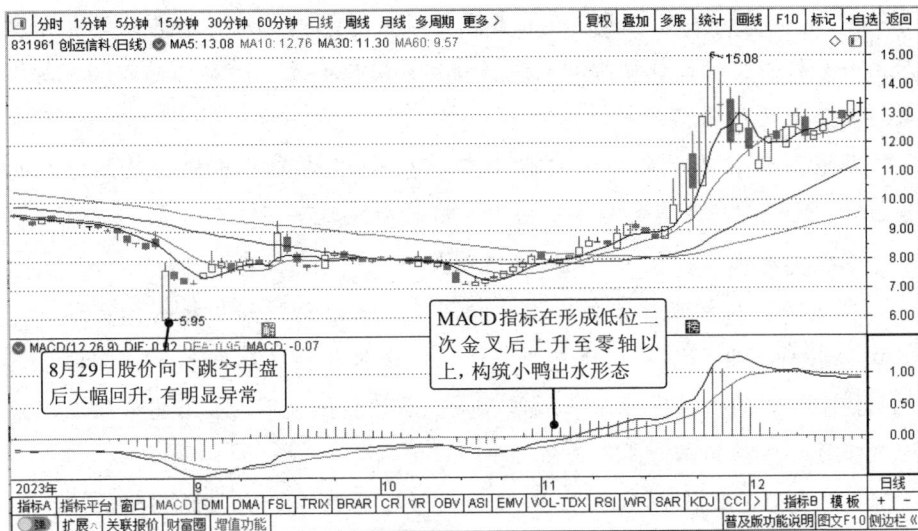

MACD 指标在形成低位二次金叉后上升至零轴以上，构筑小鸭出水形态

8月29日股价向下跳空开盘后大幅回升，有明显异常

图 3-43　创远信科 2023 年 8 月到 12 月的 K 线图

在 2023 年 8 月前期，创远信科的股价走势都比较正常，K 线只是在中长期均线下方震荡而已。但在 8 月 29 日，股价突然大幅向下跳空开盘，最终收出一根实体极长的阳线。遇到这种明显异常的情况，短线投资者就有必要进入分时走势中仔细观察。

图 3-44 为创远信科 2023 年 8 月 29 日的分时图。

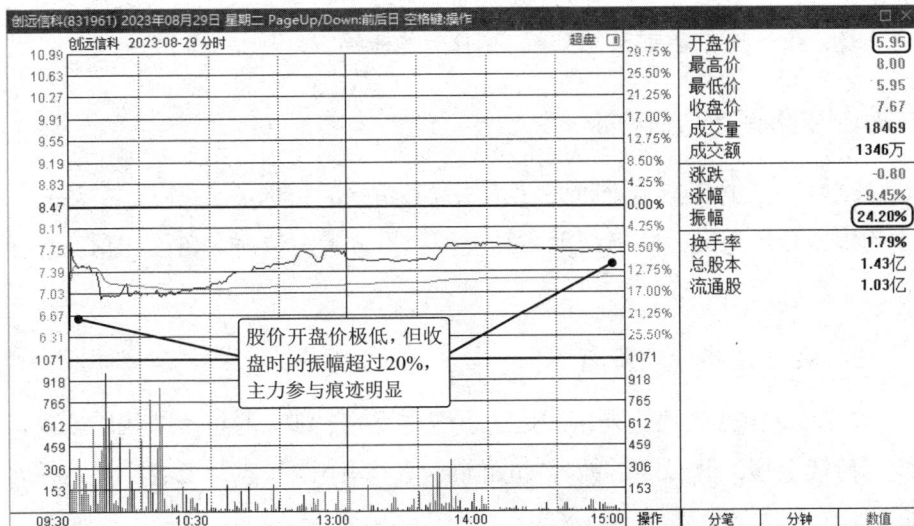

股价开盘价极低，但收盘时的振幅超过20%，主力参与痕迹明显

图 3-44　创远信科 2023 年 8 月 29 日的分时图

从图 3-44 中可以看到，该股当日是以 5.95 元的低价开盘的，但在开盘后第一分钟，股价线就被推动直线拉升至最高 8.00 元，随后小幅回调震荡，最终以 7.67 元的价格收盘。

尽管股价相较于前日依旧有 9.45% 的跌幅，但单日振幅却达到惊人的 24.20%。这说明在开盘后短短一分钟内股价就实现了超过 20% 的上涨，放在哪个市场都是极为惊人的，同时也说明其中一定有主力在参与。

那么回到 K 线图中继续观察，该股在此之后很快转折缓慢向上攀升，MACD 指标线也在零轴之下扭转，形成一个低位金叉后向着零轴靠近。这说明前期主力的异动可能是在低位吸筹，后续股价说不定会有更好的表现，短线投资者可对其保持高度关注。

9 月中旬，股价在上涨至 30 日均线附近后有过一次大幅收阳上冲，但可惜未能实现突破，而是随着 30 日均线的运行轨迹缓慢下行。这个时候 MACD 指标也跟随向下运行，DIF 靠近 DEA 并有跌破的迹象，短线投资者不必急于介入。

10 月中旬，股价的一次快速下跌导致 DIF 跌到 DEA 之下形成低位死叉。不过很快股价就在 7.00 元价位线上得到支撑继续上涨，这一次成功越过了中长期均线的压制，并带动 MACD 指标线再次形成低位金叉后上升至零轴以上。至此，一个完整的小鸭出水形态就出现了，再加上股价成功突破压力线的表现，短线投资者可迅速跟进，抓住后续涨幅。

3.3.4 指标线顶底背离

MACD 指标的顶底背离是该指标最具价值的特殊形态之一，它具有一定的提前预示意义，能够帮助各种类型的投资者定位适合自己的顶底操作点，下面就来逐一解析。

1. MACD 指标顶背离

MACD 指标的顶背离指的是在上涨行情的顶部，股价不断创出新高，波峰持续上移，但 DIF 的波峰却反向而行，呈下跌状态，二者产生运行方向的背离，如图 3-45 所示。

技术图示 MACD 指标顶背离卖出

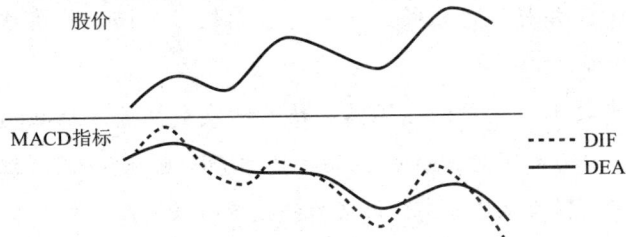

图 3-45　形态示意图

　　MACD 指标的顶背离是经过无数次市场实践验证的，是极为有效的逃顶形态，当其出现在行情顶部时，传递的卖出信号非常强烈。但有些时候顶背离也会出现在阶段的顶部，往往是股价即将进入大幅回调的预兆。

　　虽然二者的信号强度不同，但后市大概率会出现幅度不小的下跌。因此，无论短线投资者的风险承受能力如何，在遇到 MACD 指标的顶背离时，都应以出局为佳，避免判断失误导致被套。

　　接下来通过真实的案例进行深入学习。

实例分析 鸿智科技（870726）上涨高位的 MACD 顶背离

　　图 3-46 为鸿智科技 2023 年 10 月到 2024 年 4 月的 K 线图。

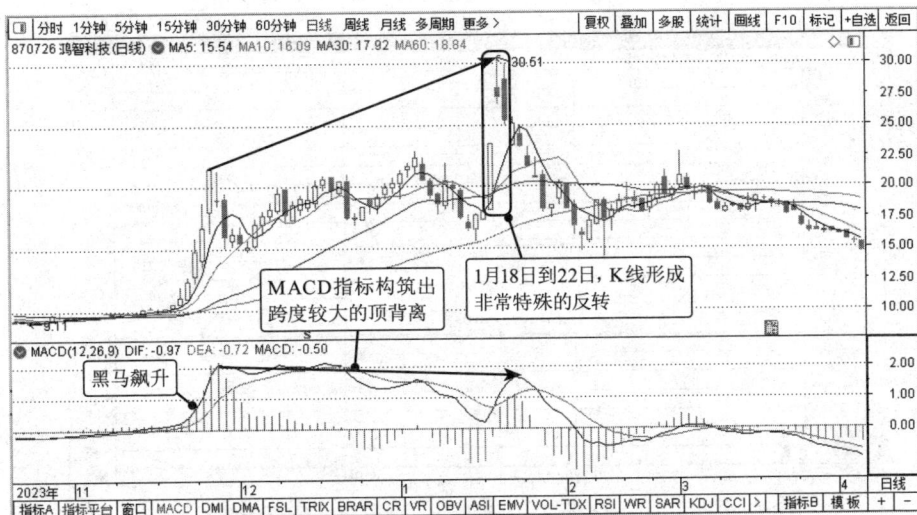

图 3-46　鸿智科技 2023 年 10 月到 2024 年 4 月的 K 线图

在 2023 年 11 月上旬，鸿智科技的股价已经在缓慢上升，并逐步突破均线组合。MACD 指标线也跟随上扬并突破零轴，市场看涨情绪逐步高涨，许多短线投资者分批建仓。

11 月中旬之后，股价涨速骤然加快，阳线实体长度越来越惊人，市场推涨动力强劲。与此同时，MACD 指标中的 DIF 也在 MACD 红柱的支撑下迅速上冲，形成黑马飙升形态，催促短线投资者及时跟进或加仓。

不过在越过 20.00 元价位线之后，股价就开始回调整理，好在下跌并未持续太长时间，价格在 15.00 元价位线上得到支撑后重拾升势。虽然后续股价的涨速远不如前期，但依旧能够为波段操作的短线投资者带来丰厚的收益。

这时再来观察 MACD 指标，却发现 DIF 先是整体走平震荡，到 1 月初股价小幅突破前期高点时甚至还有明显下移，形成顶背离，提前释放出反转信号。而且后续股价也确实大幅下跌并跌破了 30 日均线，行情转势也是有可能的，已经撤离的短线投资者不能轻易介入。

1 月中旬，股价在 60 日均线上得到支撑后重拾升势，在 1 月 18 日更是收出一根极长的阳线上冲，看似有开启拉升的迹象，但 MACD 指标线并未上升突破 2023 年 12 月的高点，顶背离依旧存在，那么短线投资者就有必要考虑这是否是主力诱多出货的手段。下面进入分时走势中仔细观察。

图 3-47 为鸿智科技 2024 年 1 月 18 日到 22 日的分时图。

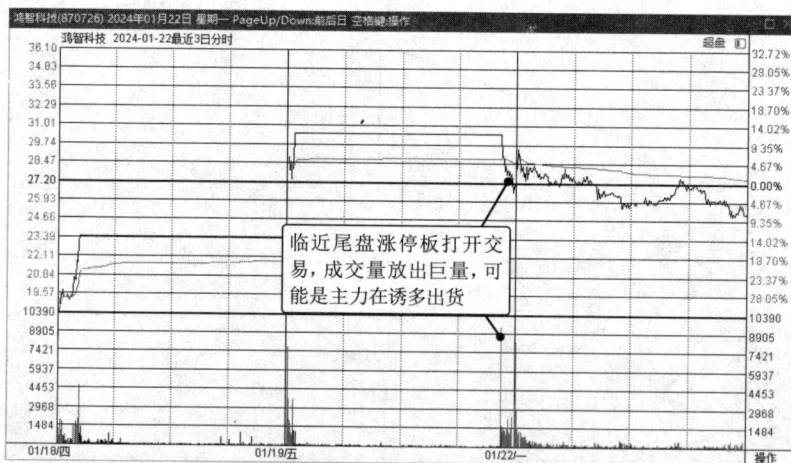

图 3-47　鸿智科技 2024 年 1 月 18 日到 22 日的分时图

1 月 18 日，股价是以涨停收盘的，前期冲向涨停板的走势也极为迅猛，成交量有相应放量，单独来看并不奇怪。奇怪的是 1 月 19 日股价再次涨停后，临近收盘时竟然有一波巨大的量能一举消化所有挂在涨停价上的买单，并在后续继续大批卖出，导致股价迅速下跌并跌破开盘价。

如此异常的走势，结合前面 MACD 指标线依旧保持的顶背离来看，基本可以证实对主力诱高出货的推测。那么短线投资者就要及时借高兑利，即便没能在当日抓住时机撤离，也需要在次日股价开盘后迅速卖出。

回到 K 线图中继续观察，股价此后就进入急速下跌的阶段，MACD 指标线迅速形成高位死叉下行。这时候，没有意识到主力在借高出货的短线投资者也应当能够看出下跌的到来，进而及时止损卖出。

2. MACD 指标底背离

MACD 指标的底背离指的是在下跌行情的底部，股价不断创出新低，波谷持续下移，但 DIF 的波谷却反向而行，呈上扬状态的背离，如图 3-48 所示。

技术图示 MACD 指标底背离帮助抄底

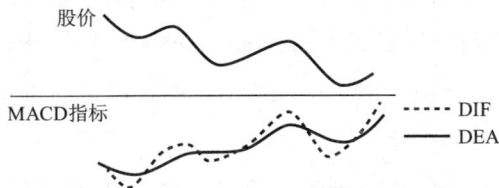

图 3-48　形态示意图

MACD 指标底背离常出现在阶段底部和行情底部，尤其是在行情底部的底背离，买入信号最为强烈，短线投资者只要对形态和时机把握得好，是有机会实现抄底的。不过，在阶段底部出现的底背离也不可小觑，它往往意味着一波大幅的反弹，投资者依旧可以借助该形态抓住反弹涨幅。

接下来通过真实的案例进行深入学习。

实例分析 国力股价（688103）下跌后期 MACD 的底背离

图 3-49 为国力股价 2022 年 1 月到 8 月的 K 线图。

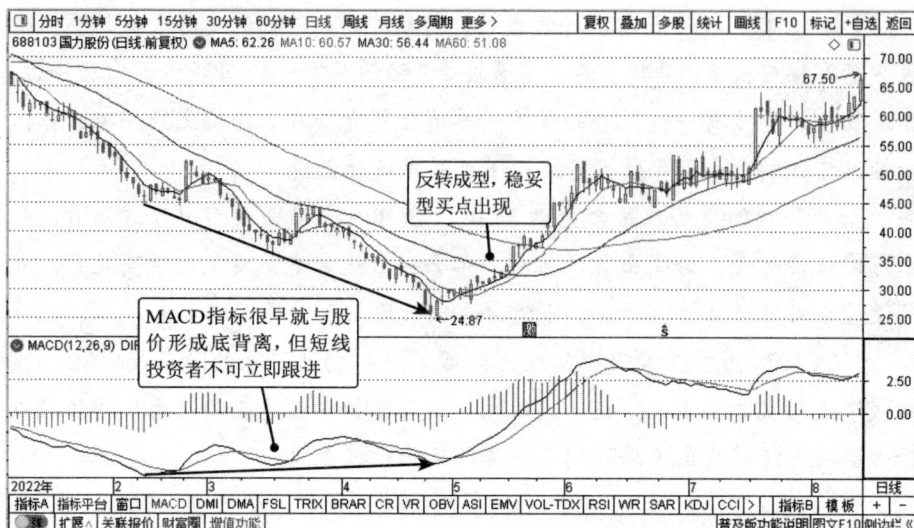

图 3-49　国力股价 2022 年 1 月到 8 月的 K 线图

从图 3-49 中的中长期均线的前期表现来看，该股的下跌趋势极为稳定，且 K 线与均线还形成了长时间的下山滑坡形态，MACD 指标线早已进入空头市场之中。期间即便短线投资者有参与抢反弹的意愿，也不可重仓介入。

在 2022 年 2 月到 3 月，投资者可以清晰观察到两次反弹走势，但股价的低点明显下移，因此整体还是看跌的。但在下方的 MACD 指标中，DIF 的低点却在股价下移的同时渐次向上，与之形成明显的底背离，传递出股价可能在后续反转上涨的信号。

不过当前股价依旧处于持续下跌的状态中，即便短线投资者有心抄底，也不能在这时建仓。

直到 4 月底，股价在 25.00 元价位线上得到支撑开始上涨，并在 5 月中旬成功突破 30 日均线时，短线投资者才可以确定上涨的来临。那么已经在前期试探性建仓的激进型投资者可加仓，尚未建仓的投资者也可跟随介入。

第 4 章

分时波段形态助力做短线

短线投资必然离不开对分时走势的分析，虽然前面几章已经对分时图中的某些特殊形态有所介绍了，但投资者仍需要深入了解其中包含的其他各具特色的看涨或看跌形态，帮助自己及时地建仓或撤离，从而提高盈利成功率。

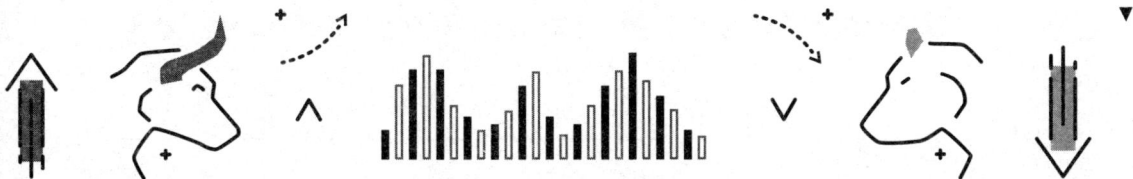

4.1 分时图中的特殊量价形态

量价关系一直是技术分析中占比较重的一部分，不仅K线图中存在特殊的量价关系可供短线投资者参考，在分时图中，某些特定时期出现的特殊量价形态也能够让短线投资者获取丰富的信息。

本节就以分时图中早盘、午盘和尾盘的几个常见量价形态为例，向投资者介绍遇到这些走势时该如何决策。

4.1.1 早盘放量疾涨/跳水

首先需要知道什么是早盘。从字面意义上看，早盘就是股市在早间交易的两个小时，即9:30—11:30，但有些投资者也会将股价开盘后的半个小时视作早盘，即9:30—10:00。

这是存在一定依据的，开盘后的半个小时是决定市场情绪的关键时段，很多主力或机构投资者都更偏向于在这半个小时内操作，以达到引导市场跟随追涨或杀跌的目的。因此，这段时间内量价的异动就很能体现出后市的走向基调，或是反映出主力的某些意图。

当然，这也不是绝对的，只能说开盘后半个小时内出现的特殊量价形态会更具有可靠性，短线投资者可将其作为参考，但不可盲目跟随操作，毕竟主力也是有可能构筑陷阱的。

回到本节的重点，早盘放量疾涨形态和早盘放量跳水形态，它们的构成方式和含义如下：

①早盘放量疾涨形态指的是在开盘之后或整个早盘期间，成交量集中放量推动股价出现急速上涨的走势。根据上涨速度和前期走势的不同，早盘放量疾涨形态也存在很多变种，比如开盘后立即直线上冲涨停，或是先横盘震荡一段时间，某一时刻突然转折向上直线上涨等。如图4-1（左）所示，就是后面一种情况。

②早盘放量跳水形态指的是在开盘之后或整个早盘期间，成交量集中放量压制股价跳水下跌的走势。它同样包含不同的类型，比如开盘后立即

跳水暴跌，或是在走平一段时间后拐头快速下跌。如图 4-1（右）所示，是走平后转折暴跌的情况。

技术图示 早盘期间的暴涨（左）与跳水（右）

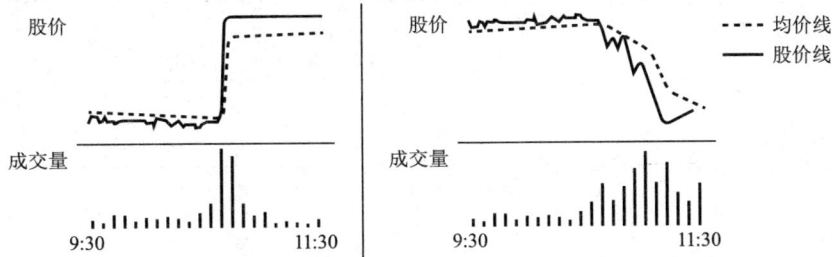

图 4-1　形态示意图

由此可以看出，这两种量价关系的重点都在于股价转折的突兀性和涨跌速度的迅猛，进而证明市场中存在一个甚至多个主力在参与。毕竟散户很难这样联合起来，集中资金在特定的几分钟内将股价推出暴涨或暴跌走势。

在不同横盘位置形成的早盘放量暴涨形态和早盘放量跳水形态，传递出的含义是不一样的，具体如下：

①高位横盘后期的早盘放量暴涨形态可能是主力吸引大批买单挂入，然后趁机出货的手段。短线投资者可以跟进，但一定要注意不能长期停留，一旦股价有反转迹象，就应立即出局。而这个时候出现的早盘放量跳水形态，往往就是上涨将尽，股价即将进入回调或下跌行情的预兆，短线投资者需要迅速卖出，不可惜售。

②上涨初期或回调末期的早盘放量暴涨形态可能是主力发力拉升的结果，后市股价的上涨空间要大得多，短线投资者买进更有底气。而这个时候出现的早盘放量跳水形态，传递出的同样是股价转折下跌的卖出信号，短线投资者还是要先卖出，再根据后市走向进行下一步决策。

接下来通过真实的案例进行深入学习。

实例分析 宁波东力（002164）不同位置的早盘暴涨与暴跌

图 4-2 为宁波东力 2023 年 10 月到 2024 年 2 月的 K 线图。

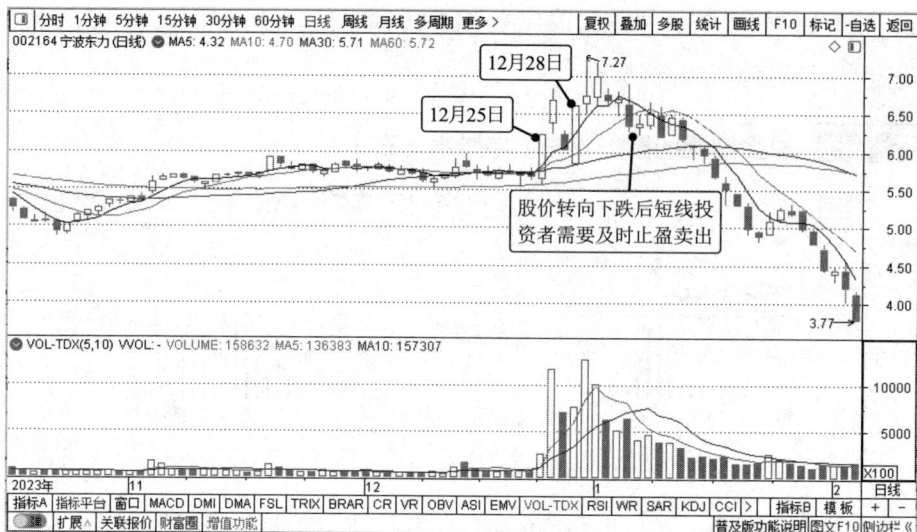

图 4-2　宁波东力 2023 年 10 月到 2024 年 2 月的 K 线图

从图 4-2 中可以看到，宁波东力的股价是从 2023 年 10 月触底上涨的，一直到 11 月初才将中长期均线突破。但在突破完成后，股价没能形成积极拉升，而是在 6.00 元价位线附近受阻后长期横向震荡，期间股价低点缓慢下移，整体看来并没有太大的投资价值。

但这样的平缓走势运行到 12 月底时，股价突然有了急速的转变。K 线在 12 月 25 日收出一根实体极长的阳线，不仅直接突破到中长期均线之上，也越过了前期高点。除此之外，当日的分时走势也极有看涨意义，下面来进行深入分析。

图 4-3 为宁波东力 2023 年 12 月 25 日和 28 日的分时图。

如图 4-3（左）所示，股价在 12 月 25 日开盘后依旧围绕均价线长期横盘震荡，期间成交量也十分低迷，整体看来与前期走势并无不同。但就在 10:54，成交量突然放出一根巨量量柱，将价格毫无预兆地直线上推，两分钟后直达涨停板封住，直至收盘。

很显然，这就是一个早盘巨量暴涨形态，放在长期横盘的后期，很有可能是拉升开启的标志。不过如此突兀的上涨让很多投资者都没有反应过来，只能在后续开盘的时候再跟进。

从 K 线图中后续的走势可以看到，该股在此次开板后小幅回调了一个交易日，随后继续上冲，并于 12 月 28 日再次收出涨停线。

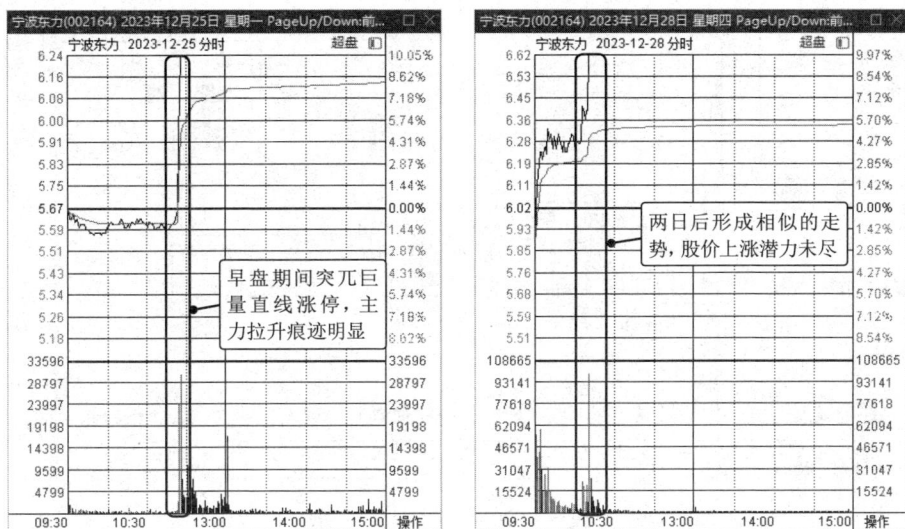

图 4-3　宁波东力 2023 年 12 月 25 日和 12 月 28 日的分时图

如图 4-3（右）所示，股价在 12 月 28 日开盘后就有积极的拉升。在成交量集中放量的推动下，股价呈台阶式震荡上行，最终涨停，符合早盘巨量暴涨形态的要求，那么短线投资者也可以在此刻建仓或加仓。

然而在此之后，股价虽然也在上涨，但收出的却是带有长上影线的小阳线，后续还有拐头下跌的迹象。这时候可能很多短线投资者都会认为股价在经历多次涨停后需要通过回调来整理，以备后市拉升，因此会先卖出以避开回调，等待第二波拉升开启再建仓。

这是非常正常的推测，也是很符合短线投资的操盘策略。但当投资者发现股价在后续直接跌破中长期均线，并持续下滑将其扭转向下时，就要及时醒悟，主力可能已经完成了盈利出局的操作，股价又回到了下跌行情之中。那么短线投资者这时就没必要继续等待了，还未离场的要抓紧时间。

下面再来看宁波东力的后续走势中还存在哪些特殊的早盘量价关系。

图 4-4 为宁波东力 2024 年 1 月到 5 月的 K 线图。

2024 年 2 月初，股价跌到了 3.50 元价位线附近企稳并很快回升，连续收阳接近 30 日均线，并在 2 月 23 日到 2 月 27 日接连形成两个向上的缺口，看涨信号极为强烈。

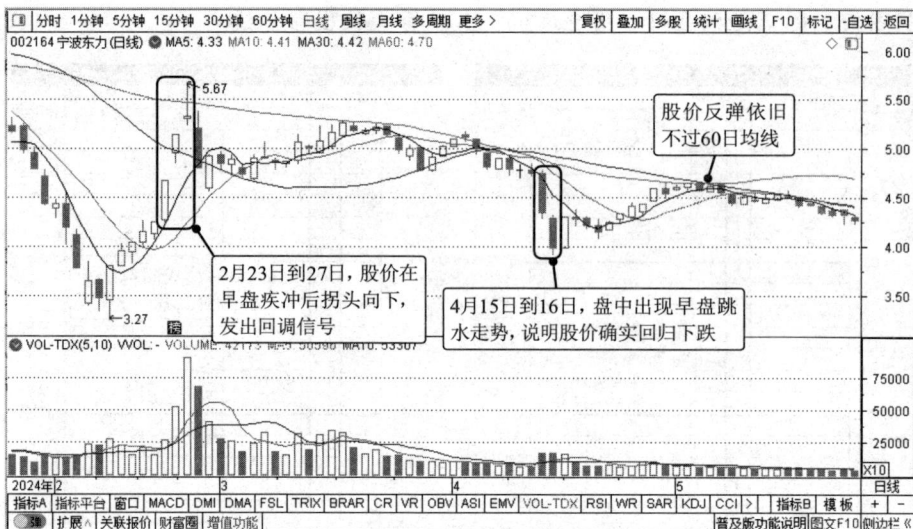

图 4-4　宁波东力 2024 年 1 月到 5 月的 K 线图

接下来观察这几日的分时走势有何特殊之处。

图 4-5 为宁波东力 2024 年 2 月 23 日到 27 日的分时图。

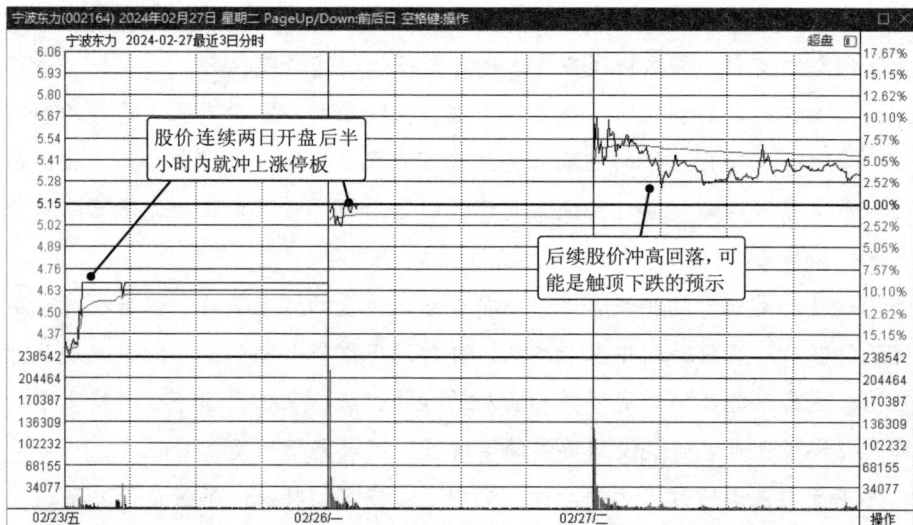

图 4-5　宁波东力 2024 年 2 月 23 日到 27 日的分时图

在 2 月 23 日和 26 日，股价都是在开盘后不久就被放大的成交量推动向上，在短时间内实现涨停，形成早盘巨量暴涨形态。经过前期的连续收阳之后，相信大部分短线投资者都对此早有准备，因此，还是有很大机会抓住封板之前的时间建仓或加仓跟进。

不过到了 2 月 27 日，股价虽然依旧向上跳空形成缺口，但当日的走势偏向于冲高回落，成交量活跃度也明显不如前期，说明市场可能在进行短期暴涨后的整理。

如果结合当前的行情走势来看，当日的股价正好位于 60 日均线附近，那么该股在此受阻后回归下跌的可能性也是有的，谨慎型短线投资者可在当日借高卖出，等待后市发展。

从后续的走势中可以看到，该股在跌至 30 日均线附近后企稳，随后缓慢回升，但依旧没能越过 60 日均线的压制，而是沿着其运行轨迹缓慢下移。这就说明该股此次的反弹大概率即将结束，短线投资者还是以及时出局为佳。

4 月 15 日，K 线突然收出一根长实体阴线，次日继续下行，最低点已经跌破 4.00 元价位线，传递出明确的下跌开启信号。下面来看其分时走势。

图 4-6 为宁波东力 2024 年 4 月 15 日到 16 日的分时图。

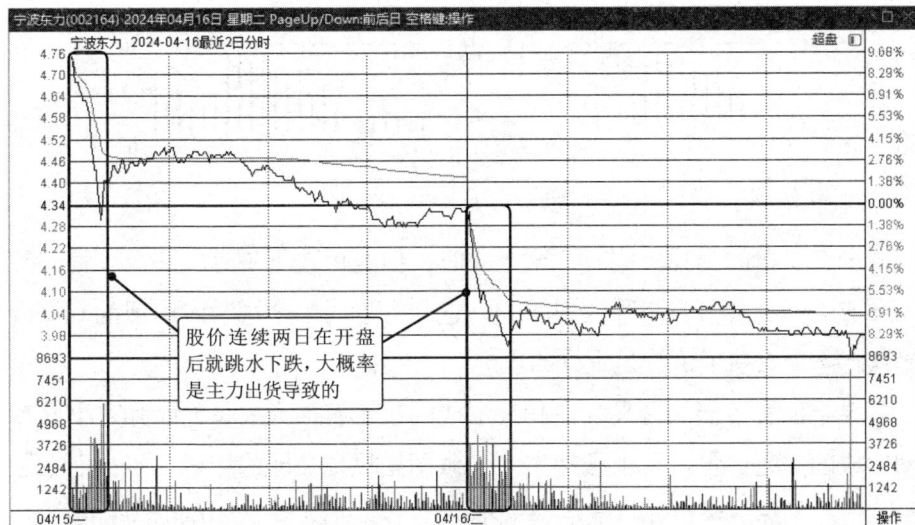

图 4-6 宁波东力 2024 年 4 月 15 日到 16 日的分时图

从图 4-6 中可以看到，4 月 15 日和 16 日具有很高的相似度，股价都在开盘后就被集中放大的成交量压制下跌，且一开始的跌速都非常快，呈现出早盘放量跳水形态，最终以低价收盘。

放在当前的行情中，这明显是主力再次出货导致的。后市股价即便还能反弹，大概率也不能越过中长期均线的压制，短线投资者最好还是不要在这种高风险行情中参与做多。

4.1.2 午盘放量突兀上涨 / 下跌

午盘原本应该指下午时段开盘后的交易时段，即 13:00—15:00，但由于临近收盘的最后半个小时属于尾盘，因此，这里将 13:00—14:30 这段时间视作午盘。

午盘放量突兀上涨形态和午盘放量突兀下跌形态与前面一节中介绍的量价关系类似，都是在某一时期成交量突然放大导致股价形成短期急涨或急跌的走势，只是时间放在了下午时段开盘之后，如图 4-7 所示。

技术图示 下午时段开盘后的突兀上涨（左）和下跌（右）

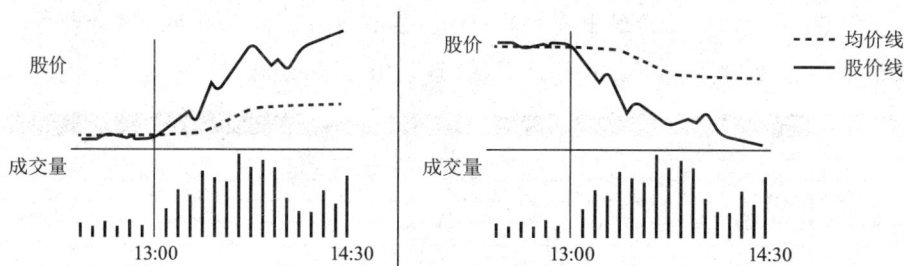

图 4-7　形态示意图

虽然午盘的交易时间有一个半小时，但股价在下午时段开盘后第一时间形成的转折会具有更强的说服力，这和开盘后半个小时内出现的暴涨或暴跌形态更有参考价值是一样的。

至于形态各自的含义，也和其形成的位置有很大关系，比如在上涨初期形成的午盘放量突兀上涨形态，大概率是拉升在即的积极信号；而在股价高位的午盘放量突兀上涨形态就不一定了，可能是主力诱多形成的。

由此可见，这两种形态的形成位置和含义其实和早盘期间的放量涨跌形态非常相似。短线投资者只要掌握了这一点，就可以更加游刃有余地利用这些特殊时段出现的量价形态确定主力的意图，进而提高操盘的成功率。

接下来通过真实的案例进行深入学习。

实例分析 午盘后不同走势的买卖信号

图 4-8 为沪光股份（605333）2023 年 12 月到 2024 年 5 月的 K 线图。

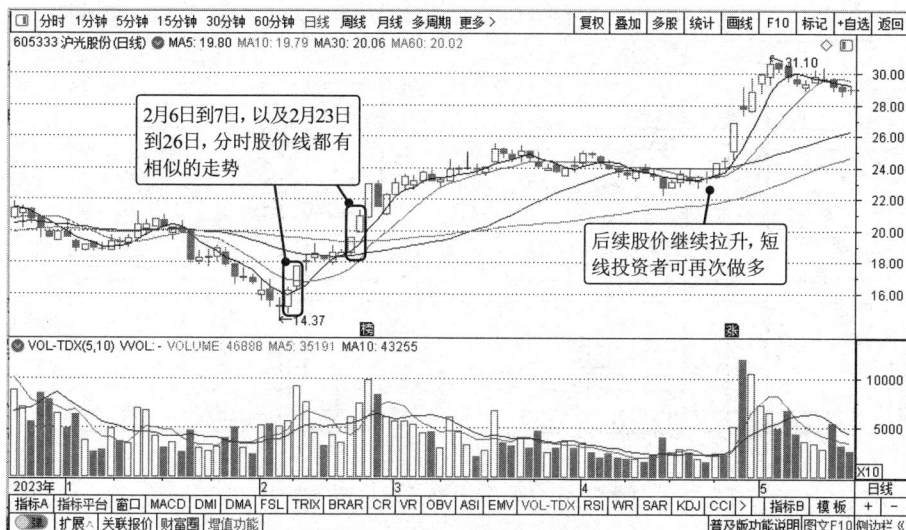

图 4-8 沪光股份 2023 年 12 月到 2024 年 5 月的 K 线图

在沪光股份的这段走势中，股价正处于涨跌趋势转变的过程中，当其触底回升时，盘中是否会出现特殊的量价形态呢？下面就来进行逐一解析。

触底的位置，股价在 14.37 元处止跌企稳后开始回升，2 月 6 日和 7 日的涨势都十分积极，K 线收出两根长阳线向上接近 30 日均线，传递出看涨信号。接下来观察这两日分时走势中的买点。

图 4-9 为沪光股份 2024 年 2 月 6 日到 7 日，以及 2 月 23 日到 26 日的分时图。

如图 4-9（左）所示，该股在 2 月 6 日开盘后的上涨其实并不算稳定，股价长期在均价线上方震荡，后续还有小幅跌破，最终以较低的价格结束早间交易。

但在下午时段开盘后，股价立即被放大的成交量推动直线拉升，短短半个小时后就冲到了 16.43 元价位线附近，短期涨幅极为可观，很明显是主力操作所致。

次日，即 2 月 7 日，股价开盘后的放量直线拉升也证实了这一点，那么在股价涨停之前，短线投资者就可以抓住时机抄底建仓，从而抓住后续涨幅。

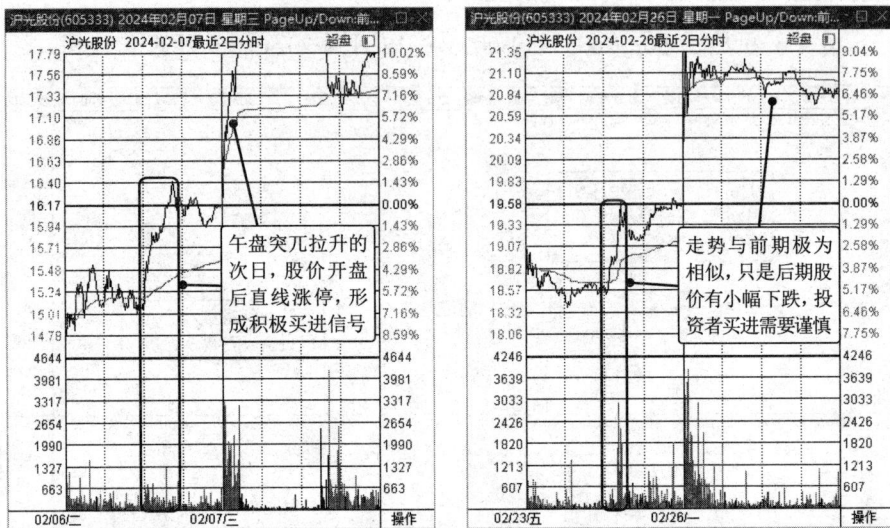

图 4-9　沪光股份关键交易日的分时图

回到 K 线图中继续观察，股价在向上接触到 30 日均线后横盘震荡数日，最终在 2 月底成功完成突破。而突破当时的两个交易日中，分时股价线又一次形成了积极拉升的信号。

如图 4-9（右）所示，在 2 月 23 日，股价在开盘后震荡下跌，临近早间收盘时才小幅回升，整体呈现出一种被压制的颓势。但同样是在下午时段开盘后，随着成交量的急剧放量，股价立即转折向上暴涨，一路拉升至 19.58元的位置才回调整理，再一次说明主力在积极拉涨。

2 月 26 日，股价开盘即暴涨，但在触顶后小幅回落，最终以稍低的价格收盘，不过依旧不影响整体的向好走势。

而且这两日的分时走势与 2 月 6 日和 7 日的十分相似，大概率是同一个主力在操作，那么其拉升意图也更加明显，同时也充分证明了积极看涨的市场态度。因此，无论短线投资者是否已经在前期建仓，此时都可以尝试跟进或加仓。

下面来看 *ST 花王中的午盘放量突兀下跌形态。

图 4-10 为 *ST 花王（603007）2023 年 11 月到 2024 年 4 月的 K 线图。

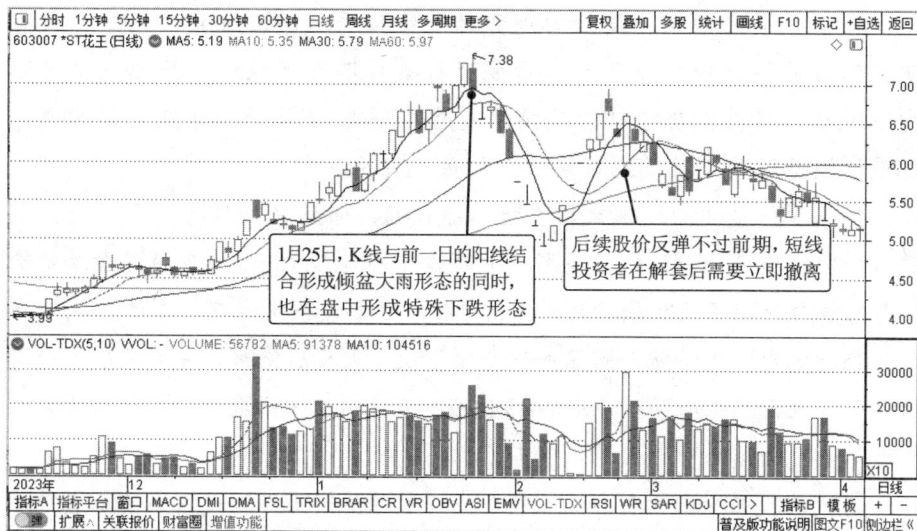

图 4-10　★ST 花王 2023 年 11 月到 2024 年 4 月的 K 线图

在 2023 年 11 月到 2024 年 1 月中旬，★ST 花王的股价呈现出极为稳定的上涨状态，期间回调幅度都不大，中长期均线也长期承托在短期均线和 K 线下方，非常适合短线投资者参与。

不过就在股价创出 7.38 元新高的当日，盘中出现了十分异常的量价走势，下面观察其分时走势，如图 4-11 所示。

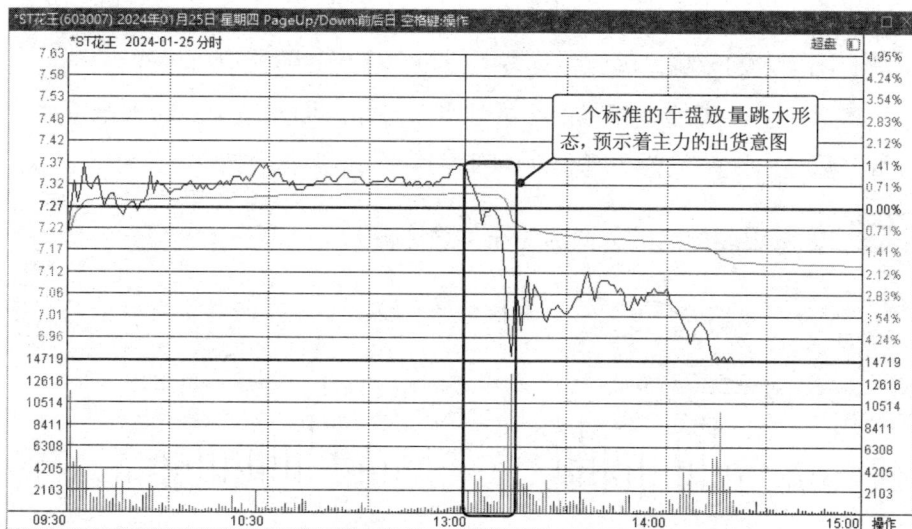

图 4-11　★ST 花王 2024 年 1 月 25 日的分时图

在整个早盘期间，股价的走势都是比较平稳的，且整体走平，没有明显的方向性。但在下午开盘后成交量就立即开始放量，压制股价迅速向下跳水，短短十几分钟的跌幅就超过了 5%。虽然后续该股止跌回升，但最终还是继续下跌落到跌停板上封住，直至收盘。

这很显然是主力突然大批量卖出导致的，回到 K 线图中观察，还会发现这根阴线与前一根阳线结合形成了倾盆大雨形态，与盘中的特殊看跌量价走势配合释放出了比较强势的卖出信号，警示短线投资者及时出局。

在此之后，股价就开始了一波急速下跌，数日后价格彻底跌破中长期均线，并且收出多根一字跌停线和倒 T 字线，说明市场高度看跌，短线投资者需要尽快止损，场外的投资者则不可轻易介入。

不过该股在 5.00 元价位线上得到支撑后的反转上涨还是吸引了不少投资者再次跟进，毕竟连续的涨停吸引力还是很强的。不过根据前期股价下跌的幅度来看，投资者还是要小心主力是否在诱高二次出货。那么当股价上涨不过前期高点时，抢反弹的投资者就要注意卖出兑利。

4.1.3　尾盘巨量冲高 / 跳水

临近整个交易日收盘前的半个小时通常被称为尾盘，其重要性和开盘后的半个小时不相上下，个股在此阶段内的走势对次日的市场情绪和价格变动有比较大的影响，因此，许多主力也会在尾盘阶段进行操作。

尾盘巨量冲高形态和尾盘巨量跳水形态与前面两节中的特殊量价关系一样，只是出现的位置在尾盘，如图 4-12 所示。

技术图示 临近尾盘时的放量涨（左）跌（右）

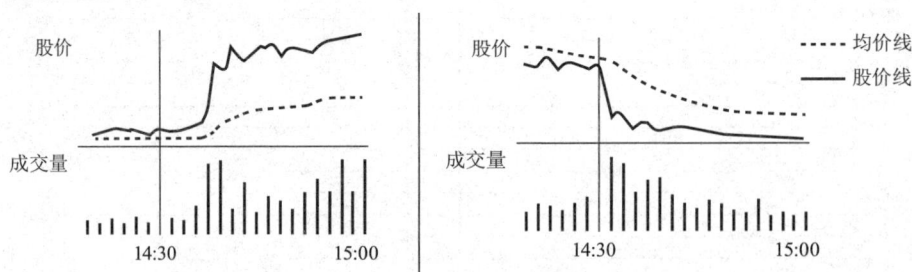

图 4-12　形态示意图

如果是在拉升初期或是回调后期形成尾盘巨量冲高形态，那么股价后市转入上涨的概率更大；但如果是在上涨一段时间后的高位形成这种走势，投资者就需要考量是否是主力拉高出货，或将部分资金回笼后震仓的行为。

尾盘巨量跳水形态则在大部分时候都是短期看跌形态，短线投资者只要遇到最好先行撤离，再根据行情状况判断后市走向。

接下来通过真实的案例进行深入学习。

实例分析 尾盘巨量冲高 / 跳水实战

图 4-13 为浙海德曼（688577）2023 年 12 月到 2024 年 4 月的 K 线图。

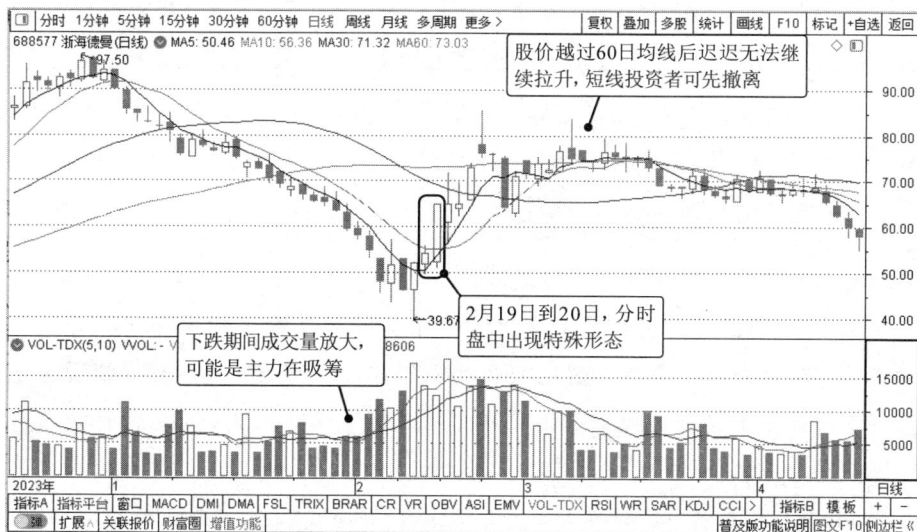

图 4-13 浙海德曼 2023 年 12 月到 2024 年 4 月的 K 线图

从 2023 年 12 月底 K 线收阴下跌后，浙海德曼的股价就长期处于下跌走势之中，短期均线被带动向下扭转并接连跌破两条中长期均线，形成的死亡谷形态，催促前期入场的短线投资者要及时撤离。

到了 1 月下旬，股价依旧在下跌，且跌速开始逐渐加快。与此同时成交量开始明显放量，与之呈现出量增价跌的背离。投资者应当清楚这样的背离传递出的信号，即主力可能正在压价吸筹，未来有上涨可能。

2 月上旬，股价果然在低位反复震荡触底后反转上涨，并于 2 月 20 日收出一根实体极长的阳线。下面来观察上涨这几日的分时走势。

图 4-14 为浙海德曼 2024 年 2 月 19 日到 20 日的分时图。

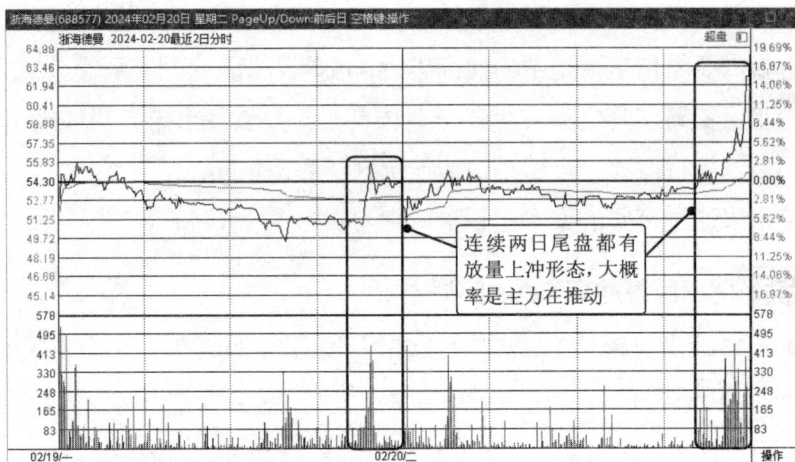

图 4-14　浙海德曼 2024 年 2 月 19 日到 20 日的分时图

　　图 4-14 为大阳线当日及前一日的分时走势。从分时图中可以看到，在 2 月 19 日开盘后，股价其实只上涨了一段距离，随后就进入长久的下跌之中，直到进入尾盘后，才在成交量的突然放量支撑下直线拉升，最终以阳线报收。

　　2 月 20 日，股价同样是前期走势平平，进入尾盘后明显得到成交量放量支撑而急速拉升，最终以超过 15% 的涨幅收出长阳线。此时短线投资者完全可以肯定场内主力已经开始了拉涨，那么就可以借此机会迅速低位建仓，以降低持仓成本。

　　回到 K 线图中，股价在此之后稍微降低了涨速，但依旧能够越过 30 日均线的压制，并在突破 60 日均线的同时形成了一个向上的缺口。但可惜的是，后续股价并未形成更好的表现，而是沿着 60 日均线的运行轨迹横盘，最终向下转折结束反弹，此时短线投资者需要及时卖出兑利。

　　下面再来看一个尾盘跳水下跌的案例。

　　图 4-15 为华正新材（603186）2022 年 5 月到 9 月的 K 线图。

　　在华正新材的这段走势中，股价前期的上涨阶段还是很有短线参与价值的，价格不仅震荡幅度较大，短期涨速也是比较可观的。

　　不过在股价创出 31.50 元新高的次日，K 线就收出一根长阴线下跌，且与前一根阳线结合构筑出倾盆大雨形态。除此之外，成交量也在股价最后一波上涨的过程中明显缩减，形成量缩价涨的高位背离。

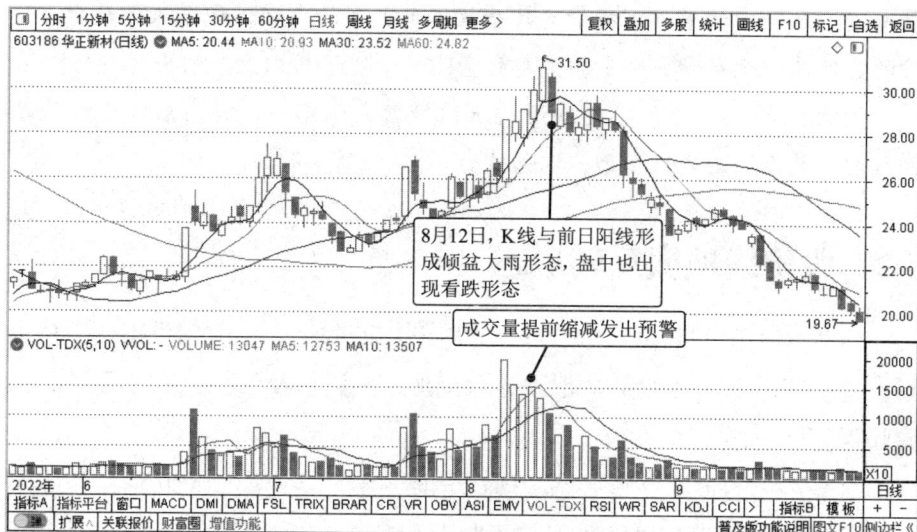

图 4-15　华正新材 2022 年 5 月到 9 月的 K 线图

这些信息都说明价格有反转的可能，短线投资者需要进入分时走势中寻找更多的看跌证明。

图 4-16 为华正新材 2022 年 8 月 12 日的分时图。

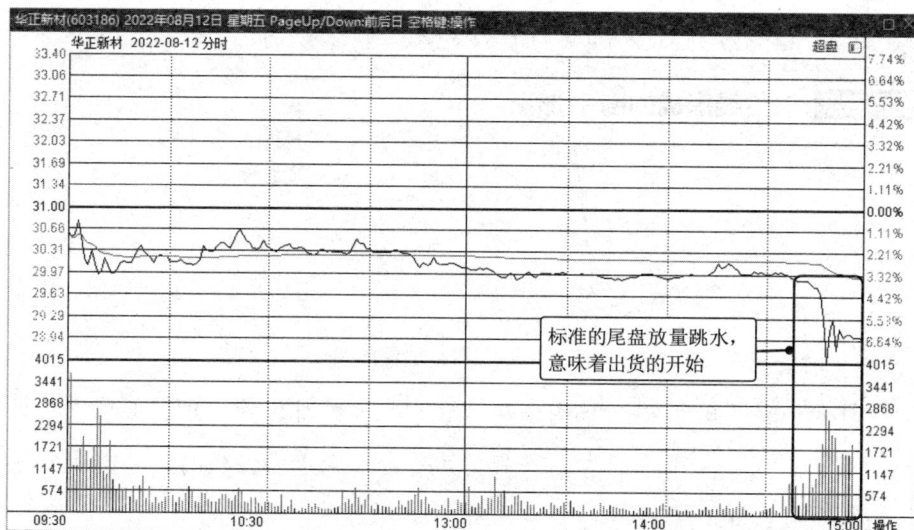

图 4-16　华正新材 2022 年 8 月 12 日的分时图

在 K 线收阴的当日，即 8 月 12 日前期的股价走势中，除了开盘后成交量有过一段集中放量外，投资者几乎找不到太多的异常。但进入尾盘后，股价的突然俯冲跳水和成交量的突兀放量明显证实了场内主力的出货行为。

因此，当投资者发现 K 线还构筑出倾盆大雨形态，并在后续小幅下跌横盘时，最好还是先行撤离，以免被套。

4.2　股价线顶底反转形态

与 K 线图中的股价走势一样，分时图中的股价线也能构筑出一些特殊的顶底反转形态，比如倒 V 形顶、双重顶、头肩顶及 V 形底、双重底、头肩底等。

这些常见的顶底反转形态出现在分时图中，传递出的反转信号强度不如 K 线图可靠。但如果投资者能够先从外部走势确定可能的反转信号，然后在分时图中发现具体的反转形态，就有机会实现精准抄底或逃顶。

4.2.1　分时倒 V 形顶

分时倒 V 形顶就是股价在短时间内急速上冲又急速下跌，形成的比较尖锐的顶部反转形态，如图 4-17 所示。

技术图示 股价线形成的倒 V 形顶

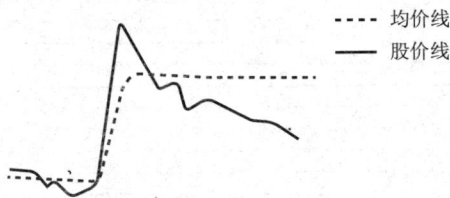

图 4-17　形态示意图

其实分时股价线的倒 V 形顶在实战中的各处都可能出现，单独来看并不具有非常强烈的卖出信号。只有当其配合外部走势分析时，才能更好地为短线投资者提供参考。

需要注意的是，由于股价线变动十分频繁，因此，可能会在构筑筑顶形态的过程中形成很多次一级的震荡，也就是可能产生很多锯齿状的波动。比如在倒 V 形顶中，如果股价震荡的波形刚好，还有可能形成头肩顶形态，二者有时候很难被区分开来。

　　不过它们传递的信号都是一致的，只要不影响整体形态的构筑，投资者就可以不予理会，执行对应的操作策略即可。

　　接下来通过真实的案例进行深入学习。

实例分析　**众泰汽车（000980）分时倒 V 形顶卖出预警**

　　图 4-18 为众泰汽车 2023 年 6 月到 10 月的 K 线图。

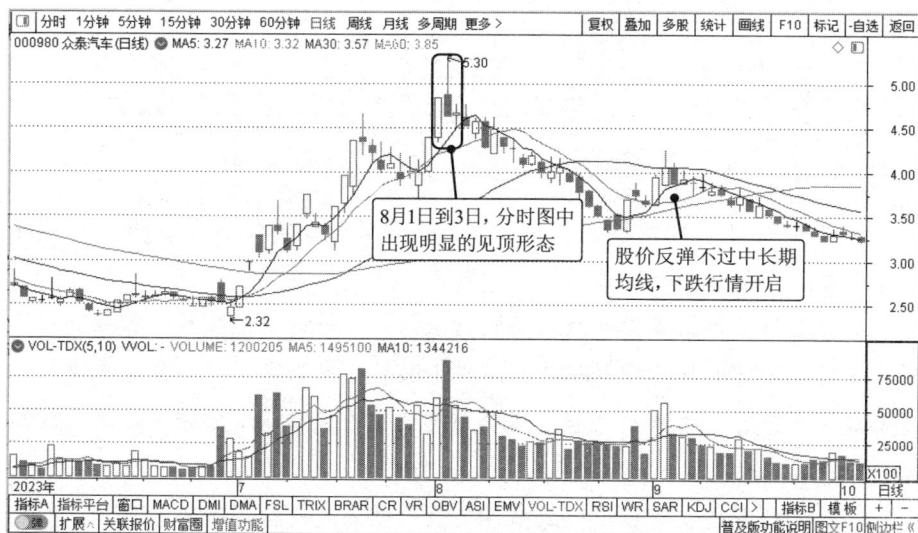

图 4-18　众泰汽车 2023 年 6 月到 10 月的 K 线图

　　众泰汽车的股价是在 2023 年 6 月底才彻底脱离下跌走势的，并且在突破中长期均线的同时还收出一根 T 字线，与前一根 K 线之间形成大缺口，说明市场追涨力度较强，很可能有主力在推动，短线投资者可积极跟进。

　　在未来的一个月时间内，该股始终维持在中长期均线上方震荡，即便有回调都只维持了很短时间，至少股价没有跌破过 30 日均线。因此，短线投资者在其中是有很大概率实现大幅盈利的。

　　进入 8 月后，股价依旧在收阳上升，但在创出新高的当日，K 线形成一根带有长上影线的阴线。结合前期股价回调前夕的表现来看，这也可能是一次下跌的预示，短线投资者可进入分时走势中寻找卖点。

图 4-19 为众泰汽车 2023 年 8 月 1 日到 3 日的分时图。

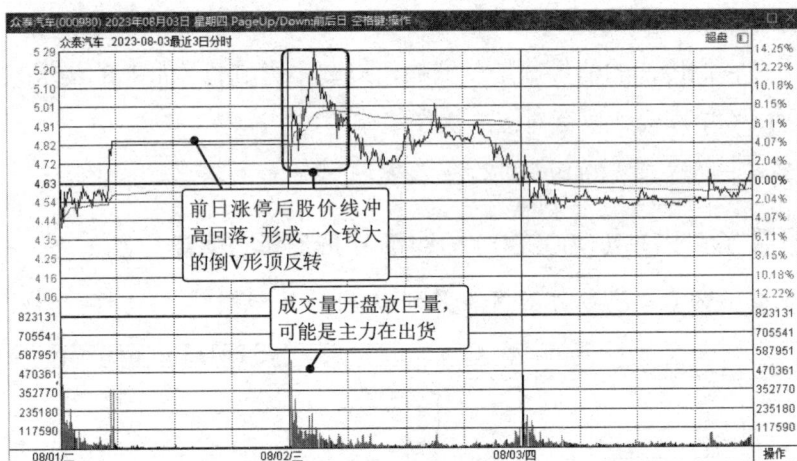

图 4-19　众泰汽车 2023 年 8 月 1 日到 3 日的分时图

从图 4-19 中可以看到，该股在 8 月 1 日还处于积极拉升状态，在形成一个早盘巨量暴涨形态后涨停封板，直至收盘。

到了 8 月 2 日，股价开盘后还进行了数十分钟的积极拉升。但在接触到 5.30 元后，股价迅速转折下跌，以同样快速的下跌击穿均线。整体来看，该股形成了一个尖锐的倒 V 形顶，若将前后的次一级震荡考虑进去，这也能算是一个头肩顶形态。

不过无论如何，该股发出的短期看跌信号还是比较清晰的。再加上后续股价持续下行收出阴线，8 月 3 日也没有回归上涨的迹象，短线投资者还是有必要先行卖出观望的，即便判断失误股价还能上涨，也可以重新建仓。

回到 K 线图中，该股在接下来的半个月时间内都没能止跌回升，反而逐步下跌最终跌破 30 日均线。这在前期上涨过程中都是没有出现过的，说明后市可能面临的是较深的回调甚至是下跌行情。即便股价在后续形成了反弹，但当其在 30 日均线的压制下反转下跌时，短线投资者更不能继续停留。

4.2.2　分时双重顶

分时双重顶是股价在一段时间内多次上探某一价位线失败后反转下

跌，形成的类似字母"M"的形态，如图 4-20 所示。

技术图示　**分时双重顶的具体形态**

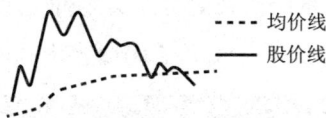

图 4-20　形态示意图

分时双重顶的含义与倒 V 形顶一样，但它更容易产生一些变种。比如连续多个交易日的分时股价线联合起来可能会形成一个更大的双重顶，卖出信号会更加强烈。相信投资者已经在前面的某些案例中看到过这种情况，这里就不再赘述。

接下来通过真实的案例进行深入学习。

实例分析　**德昌股份（605555）分时双重顶卖出实战**

图 4-21 为德昌股份 2023 年 9 月到 2024 年 2 月的 K 线图。

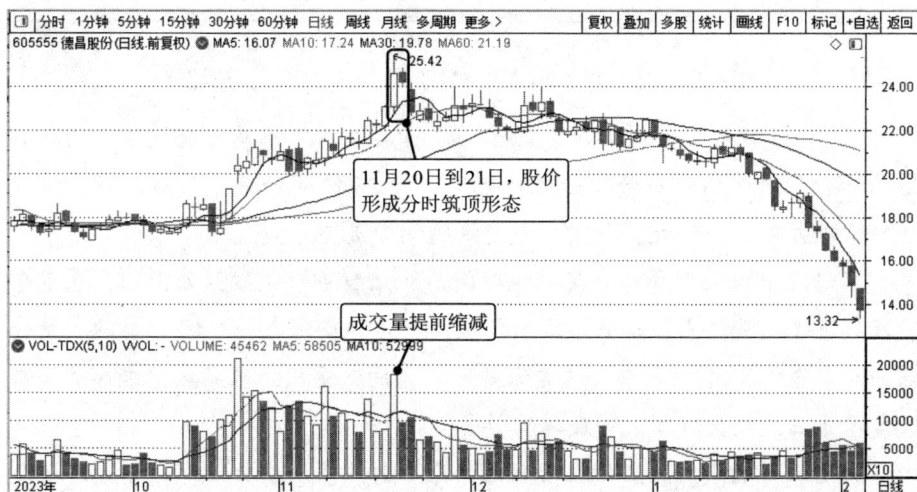

图 4-21　德昌股份 2023 年 9 月到 2024 年 2 月的 K 线图

2023 年 9 月，德昌股份的股价与均线组合长期黏合在一起走平，直到进入 10 月中旬才有了比较明显的变盘向上迹象。10 月下旬，K 线一次向上跳空收阳的走势彻底确定了后市的拉升，因此，短线投资者也可参与其中。

在后续的上涨中，股价一直缓慢向上攀升至 25.00 元价位线附近才滞涨回调。而在创新高的前后几日，成交量活跃度明显不及前期突破中长期均线时，市场推动力可能有所下降。此时分时走势中也出现了特殊筑顶形态。

图 4-22 为德昌股份 2023 年 11 月 20 日到 21 日的分时图。

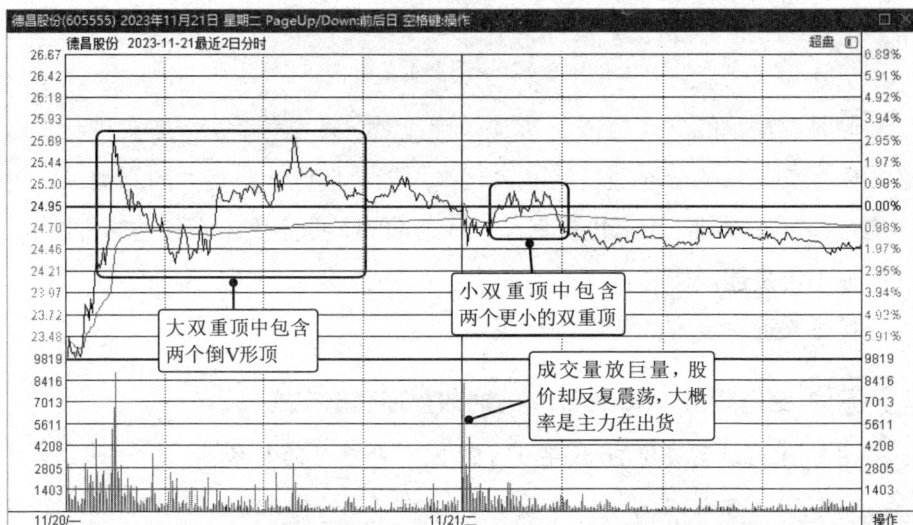

图 4-22 　德昌股份 2023 年 11 月 20 日到 21 日的分时图

11 月 20 日是股价创新高的当日，从图 4-22 中不难看出前期市场的积极追涨和股价的锯齿状拉升。但就在达到当日 25.42 元的最高价后，股价迅速反转下跌并跌破均价线，形成一个尖锐的倒 V 形顶。

不过在低位得到支撑震荡一段时间后，该股重整旗鼓开始上涨，在下午时段接近了前期高点，却并未成功突破，而是再度形成一个倒 V 形顶。结合前面的一个倒 V 形顶来看，这更像是一个大的双重顶。很显然，这就是股价反复冲击压力线失败形成的反转信号。

再看次日的走势，股价在开盘后半个小时内多次向上试探，但最终还是失败下跌。上探的过程中形成一个清晰的，嵌套着两个更小双重顶的小双重顶，证实了前一个交易日的看跌信号。

结合 K 线图中量缩价涨的高位背离来看，该股有可能会进入一波深度回调之中，短线投资者可先行卖出兑利，等待下一波上涨。

然而，该股自从此次触顶后就没能再有更好的表现，K 线长期被压制在

24.00 元价位线下方震荡，最终于 12 月上旬跌破 30 日均线的支撑，说明后市面临的可能是下跌行情，投资者要抓紧时间卖出。

4.2.3 分时 V 形底

分时 V 形底是指股价快速下跌又被快速拉起形成的底部反转形态，对于短线投资者来说是很好的抄底机会，但前提是能够确定外部的上涨信号，如图 4-23 所示。

技术图示 分时 V 形底的买进信号

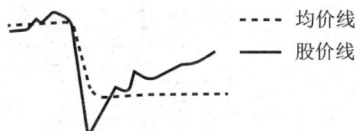

图 4-23 形态示意图

分时图中的 V 形底与 K 线图中的 V 形底有相同的看涨效果，不过关键还是在于内外部走势的配合和信息的同步。如果 K 线和分时股价线都能形成 V 形底，反转信号将得到进一步的加强。

接下来通过真实的案例进行深入学习。

实例分析 力源信息（300184）分时 V 形底形态实战

图 4-24 为力源信息 2023 年 12 月到 2024 年 4 月的 K 线图。

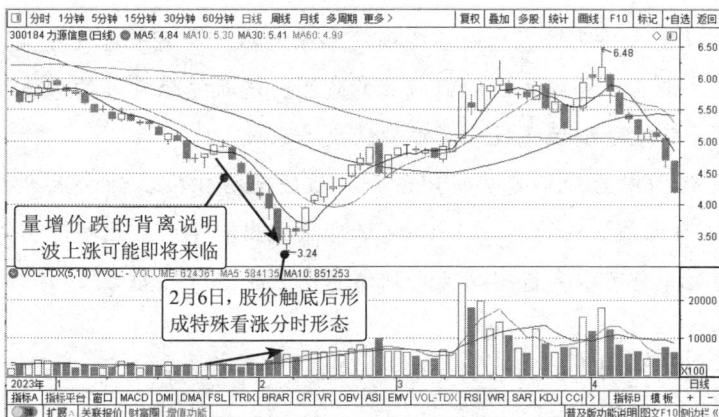

图 4-24 力源信息 2023 年 12 月到 2024 年 4 月的 K 线图

从图 4-24 中可以看到，力源信息的股价在 2024 年 1 月底到 2 月初这段时间内处于加速下跌状态，且成交量在此期间也呈现出放量的背离，说明其中可能有主力在参与吸筹，那么短线投资者就要特别注意了。

2 月 6 日，股价在 3.24 元的位置触底后回转收阳，可能是反转开启的预兆，下面来看其分时走势。

图 4-25 为力源信息 2024 年 2 月 6 日的分时图。

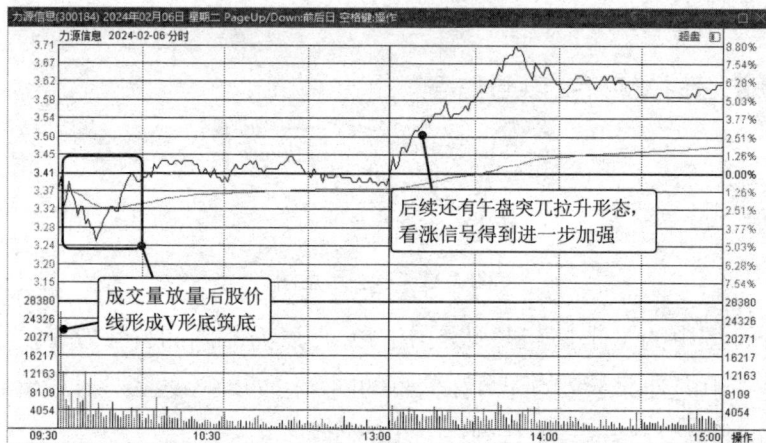

图 4-25　力源信息 2024 年 2 月 6 日的分时图

2 月 6 日开盘后，股价先是被放量压制震荡下跌，延续了前期的加速下跌走势。不过在最低价处触底后，很快被拉升并突破到均价线上方，形成一个清晰的 V 形底。

不过仅凭这一反转形态还不能确定上涨来临，是下午时段开盘后的突兀放量拉升才证实了场内主力积极拉涨的意图，进而结合外部的加速下跌释放出反转信号，激进型短线投资者可尝试快速跟进。

从 K 线图中后续的走势可以看到，该股此后积极拉升向上，很快便成功突破 30 日均线。而这时一个 K 线 V 形底也出现了，且颈线即将被突破，短线投资者完全可以先行建仓，等到形态彻底成型后再加仓。

4.2.4　分时双重底

分时双重底就是股价线两次下探又两次被拉起的筑底形态，与 K 线图中的双重底形态基本一致，如图 4-26 所示。

技术图示 分时双重底可助抄底

图 4-26　形态示意图

投资者在下跌底部寻找反转信号时可特别留意多日分时走势联合起来是否有特殊形态形成，双重底就是比较常见的一种。当然，如果时机合适，单日分时双重底也能释放出可靠的买进信号。

接下来通过真实的案例进行深入学习。

实例分析 能科科技（603859）分时双重底的买进信号

图 4-27 为能科科技 2022 年 3 月到 7 月的 K 线图。

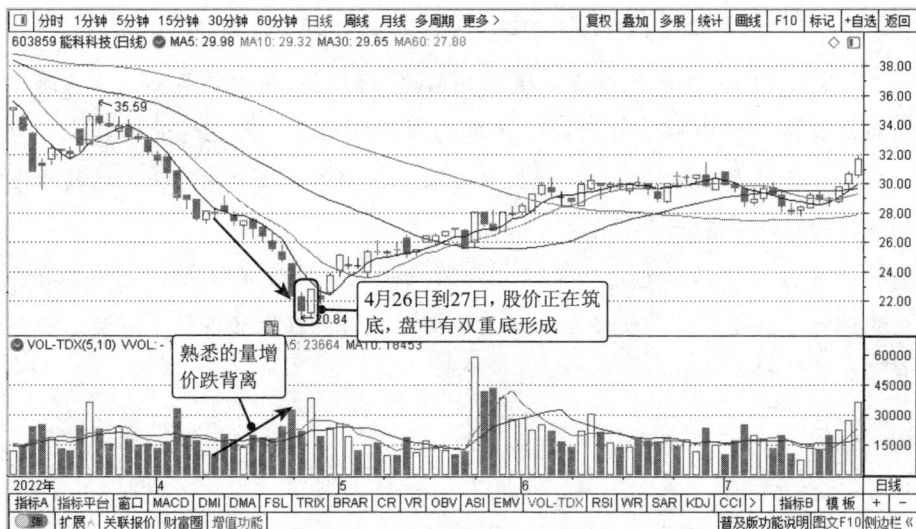

图 4-27　能科科技 2022 年 3 月到 7 月的 K 线图

能科科技的这段走势中行情的翻转与上面一个案例十分相似，股价和成交量都在下跌后期出现了量增价跌的背离，传递出主力吸筹，反转可能即将来临的信号。有经验的短线投资者已经可以准确判断出转折点了，借助的就是分时走势中的特殊形态。

图 4-28 为能科科技 2022 年 4 月 26 日到 27 日的分时图。

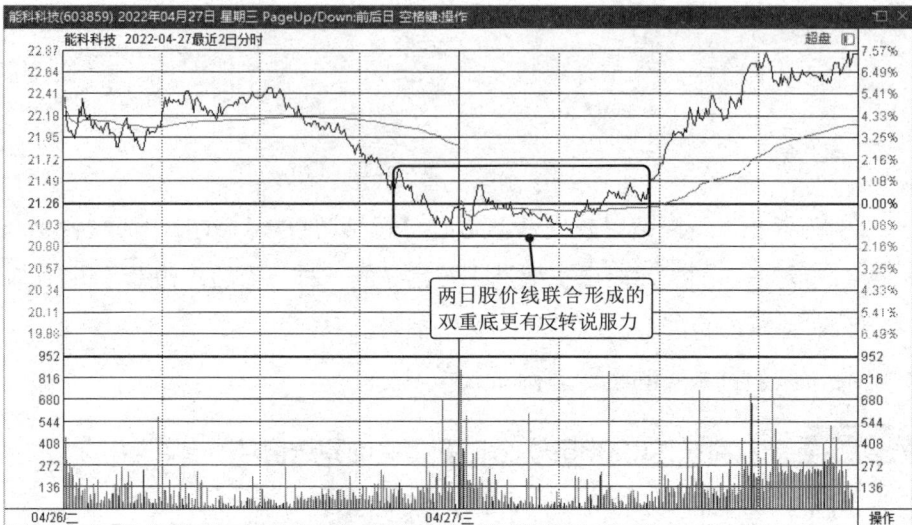

图 4-28 能科科技 2022 年 4 月 26 日到 27 日的分时图

4 月 26 日和 27 日是股价触底后开始收阳回升的两个交易日，从这两日的联合分时走势中可以看到一个清晰的双重底形态，而且它的颈线在 4 月 27 日的午盘放量上涨过程中就已经被突破了。形态成立的同时，已经持币准备好的短线投资者就可以迅速入场。

从 K 线图中后续的走势来看，该股此次的上涨还是非常稳定的。有些短线投资者错过了前期反转点的买进机会，也可以在上涨过程中建仓，照样有很高的盈利成功率。

第 5 章

短线波段买卖综合实战

经过前面几章的学习，相信短线投资者已经对股市中常见的短线波段分析方法有了充分的认识，但最终还是要将其应用到实战中才可以进一步融会贯通。本章就选取两只走势不同的股票，展示真实操盘过程中的短线分析过程。

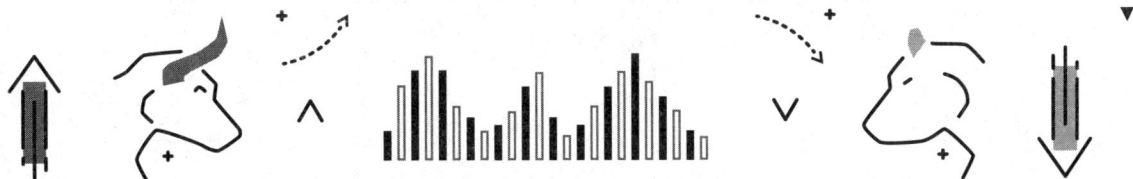

5.1 上涨行情短线操作位

在上涨行情中，短线投资是最具有优势的一种策略，快进快出的操作方式虽然稍显耗时耗力，但可以在很大程度上降低风险。不过投资者也不能一涨就买、一跌就卖，还是要对场内的各种信息进行分析后再决定，比如K线形态、技术指标的各种信号等。

本节就以幸福蓝海（300528）的一段上涨行情为例，为短线投资者展示如何在这种走势中尽可能地扩大收益，规避风险。

5.1.1 上涨初期的波段买卖点

在经历过一段时间的下跌后，市场将会进入一段时间的疲软期，期间成交量可能表现平平，股价也可能持续下跌或是低位横盘。这时候如果场内突然出现一些异常情况，就有可能是上涨来临的预示，短线投资者要做好准备。

接下来通过真实的案例进行深入学习。

实例分析 上涨初始短线建仓是关键

图 5-1 为幸福蓝海 2022 年 9 月到 12 月的 K 线图。

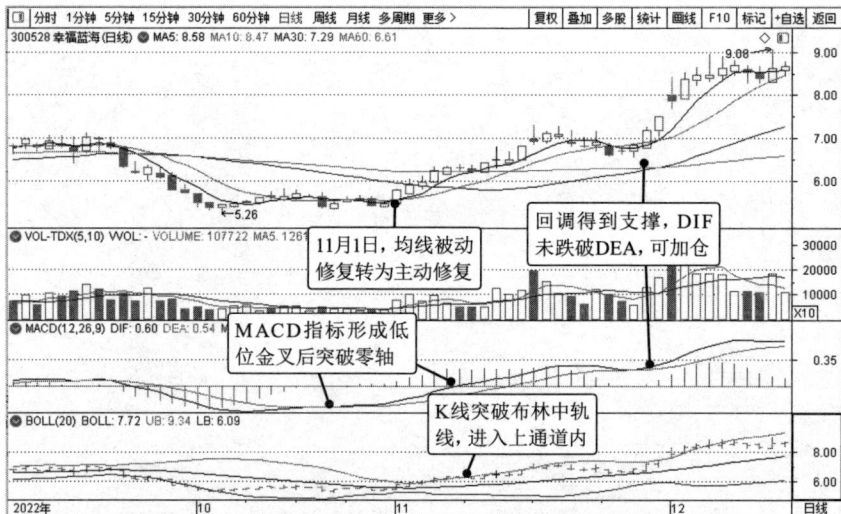

图 5-1　幸福蓝海 2022 年 9 月到 12 月的 K 线图

先来观察幸福蓝海的前期走势，从图 5-1 中可以发现，该股在 2022 年 9 月下旬时出现了跌破前期横盘区间的走势，价格逐步运行到 5.00 元价位线上方，止跌后长期窄幅震荡，向着中长期均线被动修复。期间成交量持续走平，说明市场中的多空双方暂时没有角逐出方向，短线投资者还需要保持观望。

进入 11 月的第一天，即 11 月 1 日，股价突然在成交量放量的支撑下收出了一根明显异于前期窄幅震荡过程中的长阳线，最高点十分接近 30 日均线，由被动修复转为主动修复。

与此同时，早已进入空头市场中的 MACD 指标线也开始向上发散。布林指标中，K 线已经成功突破布林中轨线。各大指标都传递出了向上变盘的信号，激进型短线投资者完全可以在此尝试建仓。

下面来看 11 月 1 日分时走势中的买点。

图 5-2 为幸福蓝海 2022 年 11 月 1 日的分时图。

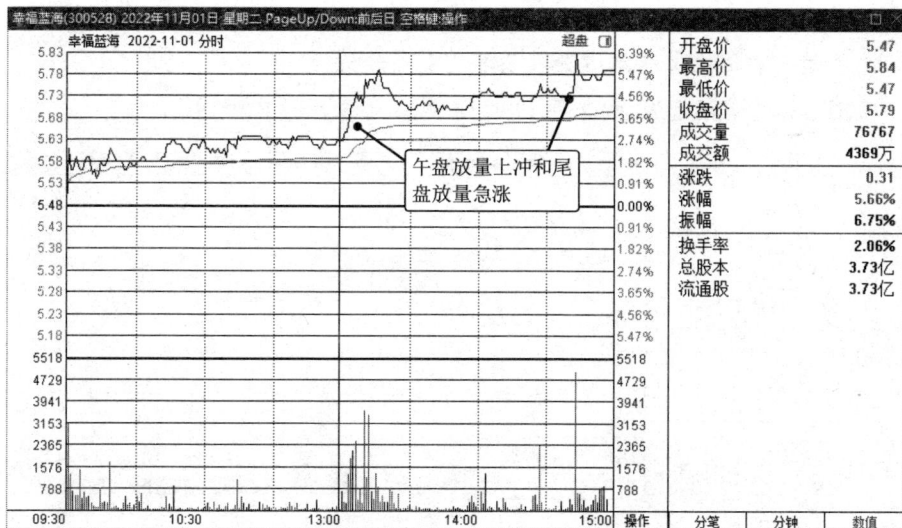

图 5-2　幸福蓝海 2022 年 11 月 1 日的分时图

从图 5-2 中可以看到，该股在早盘期间的走势并不算特殊，至少无法与前面的窄幅震荡区分开来。真正的变动出现在午盘，下午时段开盘后，成交量明显放量推动股价走出了直线拉升，短短数十分钟后冲到 5.78 元价位线附近后小幅回落。

在进入尾盘后，股价又再次受单根巨量量柱推动而直线上涨，最终以

5.66%的涨幅收出大阳线。

单日盘中连续出现巨量推涨，且都是在特殊时段形成的，明显是主力注资形成的。放在这样的下跌横盘走势中，更加能够确定从外部走势和各大技术指标中得出的看涨结论。那么反应快的短线投资者就有机会在当日介入抄底，没有跟上节奏的短线投资者也可以在后续股价成功突破中长期均线的同时建仓。

回到 K 线图中观察未来一段时间的走势可以发现，该股在越过中长期均线之后回踩得到支撑。MACD 指标线也早在 K 线突破均线的同时突破零轴，且 DIF 在股价回调的过程中只是靠近 DEA，并未彻底跌破，因而形成配合看涨信号。

布林指标中，K 线也保持在布林上通道内震荡运行，回调低点没有跌破布林中轨线。多方信息结合来看，短线投资者可以尝试在回调低位建仓或加仓，以扩大后市收益。

下面来看这段上涨到达阶段顶部的卖点分析。

图 5-3 为幸福蓝海 2022 年 11 月到 2023 年 2 月的 K 线图。

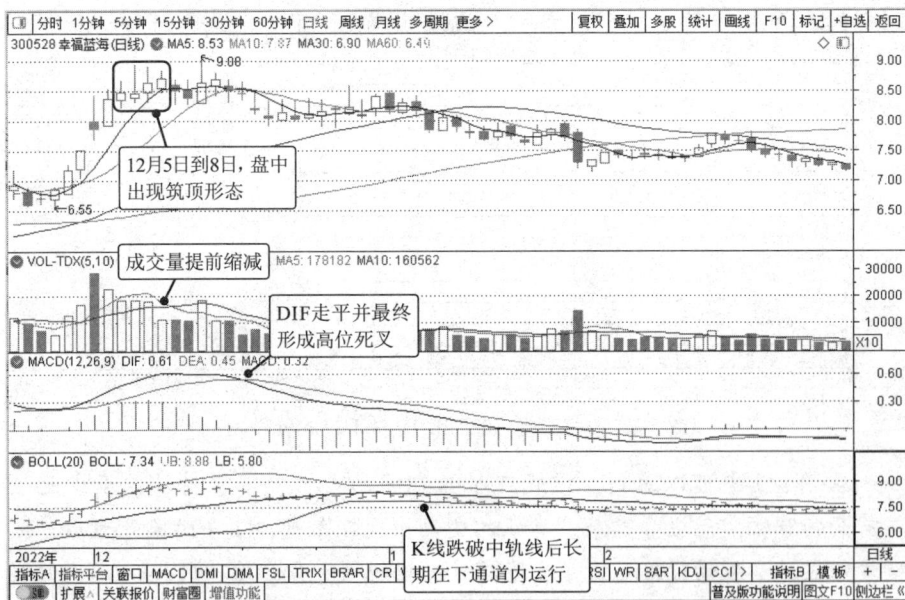

图 5-3　幸福蓝海 2022 年 11 月到 2023 年 2 月的 K 线图

到了 2022 年 12 月初，股价已经来到了接近 9.00 元价位线的位置，涨幅还是不错的。不过就在靠近该价位线的同时，K 线收出了多根带有长上影线的小实体阳线。

这说明上方有一定压力导致价格多次冲高回落，而且此时的成交量也有明显缩减，市场动能不足，股价有可能即将面临一次回调，短线投资者有必要进入分时走势中进一步分析。

图 5-4 为幸福蓝海 2022 年 12 月 5 日到 8 日的分时图。

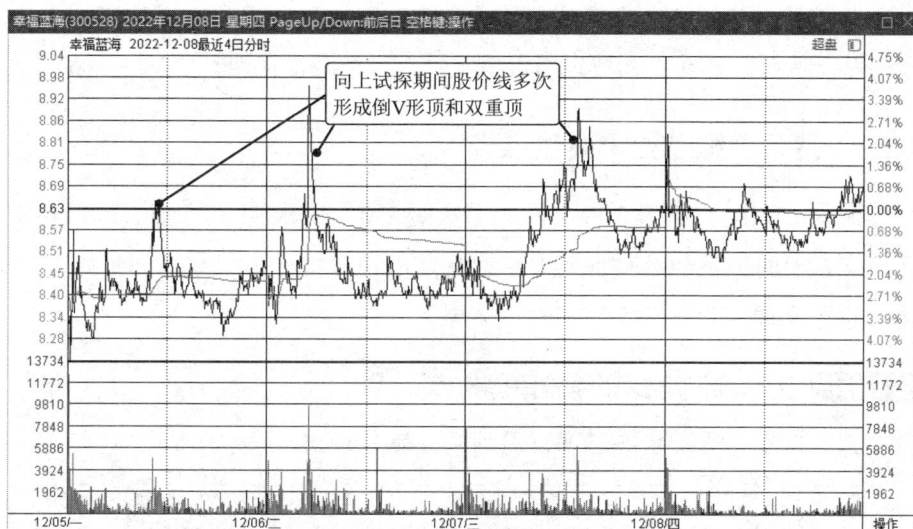

图 5-4　幸福蓝海 2022 年 12 月 5 日到 8 日的分时图

12 月 5 日到 8 日正是股价多次冲高回落的交易日，从它们的分时走势中可以看到，股价线几乎每日都形成过筑顶形态，最为突出的就是 12 月 5 日和 6 日的倒 V 形顶，以及 12 月 7 日的双重顶，12 月 8 日的股价也在开盘后就被压制跳水下跌。

整体来看，这几日的分时图传递的反转信号十分强烈。再加上外部 K 线图中成交量的量缩价涨背离，以及 MACD 指标中 DIF 逐渐走平和红色柱状线的缩减，股价是有很大可能在后续拐头下跌进入回调的。

而且即便投资者判断失误，价格在横盘后继续上涨，这段时间内短线积累的利润也足够多了，本着持股时间不宜太长的原则，短线投资者还是以先行出局观望为佳。

回到 K 线图中继续观察后续走势可以发现，该股在此之后并未立即下跌，而是长久横盘到 12 月中旬，才最终缓慢下跌到 8.00 元价位线附近，再次形成横盘震荡。

这时来观察 MACD 指标可以发现，指标线已经形成了一个高位死叉下行。而布林指标中，K 线也已经跌到布林中轨线以下，原本向上开口的布林通道逐步紧缩到 K 线附近，呈现出看跌信号。

由此可见，该股短时间内回归上涨的可能性较低，毕竟成交量一直没有给予足够的支撑。那么当惜售型投资者发现股价最终还是跌破 30 日均线，并一路下滑时，也需要立即止损出局。

5.1.2 持续上涨过程中高抛低吸

回调结束后，股价重新上涨的节点是很重要的短线介入点，短线投资者要学会及时抓住机会抄底建仓，这样才能更好地扩大获利空间。

接下来通过真实的案例进行深入学习。

实例分析 上涨期间寻找短线波段操作点

图 5-5 为幸福蓝海 2023 年 2 月到 4 月的 K 线图。

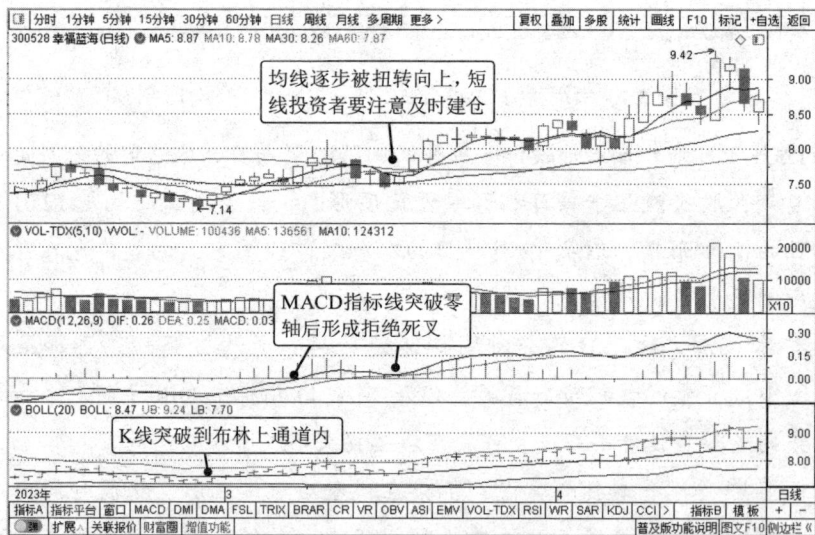

图 5-5　幸福蓝海 2023 年 2 月到 4 月的 K 线图

2023 年 2 月底，幸福蓝海的股价在 7.14 元的位置触底后结束了上一波回调，开始逐步收阳回升，并很快成功突破到 30 日均线上方。与此同时，MACD 指标线在零轴下方形成一个低位金叉后上行，布林中轨线也被 K 线突破，三大指标同步释放出看涨信号，短线投资者可择机跟进。

3 月上旬，股价在 60 日均线上受阻后小幅回调，不过低点仍旧踩在 30 日均线上，没有跌破前期低点。布林指标中，K 线也在布林中轨线上得到支撑，可见下方推动力充足。

此时的 MACD 指标中，DIF 向下接近 DEA 并已经产生接触，但由于股价回升及时，二者很快再度向上发散开来。这种形态被称为拒绝死叉，意为回调幅度不深，后市依旧看涨。因此，短线投资者可以在此继续加仓。

下面来看这段上涨见顶时的短线操作点。

图 5-6 为幸福蓝海 2023 年 4 月到 6 月的 K 线图。

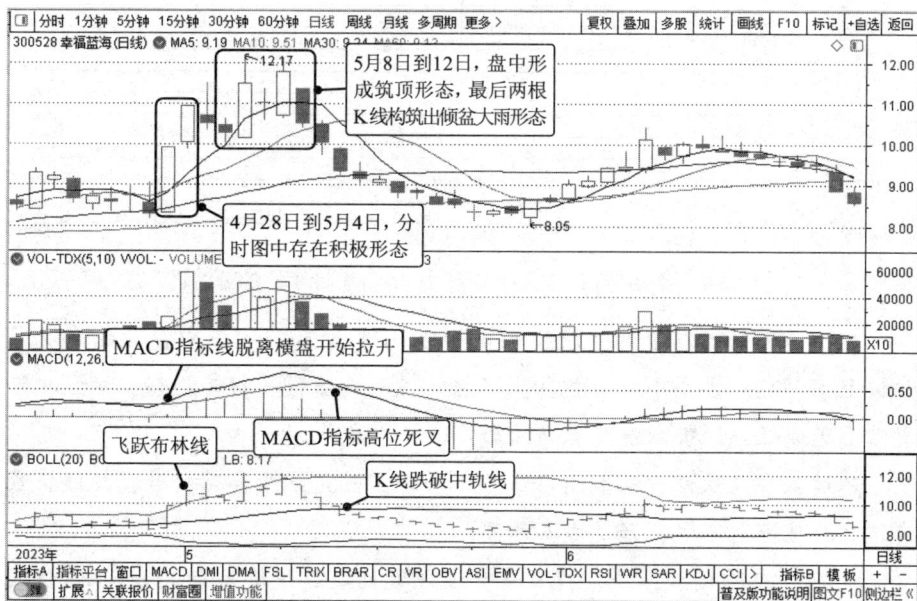

图 5-6　幸福蓝海 2023 年 4 月到 6 月的 K 线图

到了 2023 年 4 月底，股价已经回到了上一节中的高点，即 9.00 元价位线附近。显然，价格在此受阻后进行了一段时间的横向震荡，如果后市不能有更好的表现，行情是有可能直接转向下跌的，短线投资者要注意了。

值得庆幸的是，该股在 4 月 28 日成功以一根实体极长的阳线突破前期压力线，并在后续持续上涨创出新高。与此同时，MACD 指标线脱离横盘开始拉升，K 线也小幅突破布林上轨线形成飞跃布林线，说明股价即将开启一波积极上涨，短线投资者要进入分时图中抓买点。

下面来看突破当时的分时走势。

图 5-7 为幸福蓝海 2023 年 4 月 28 日到 5 月 4 日的分时图。

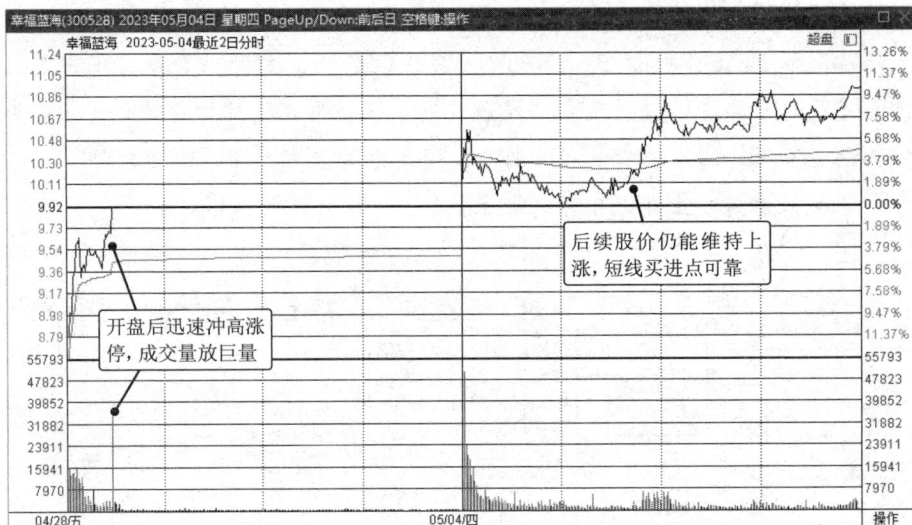

图 5-7　幸福蓝海 2023 年 4 月 28 日到 5 月 4 日的分时图

从图 5-7 中可以看到，该股在 4 月 28 日开盘后就被集中释放的成交量积极上推，短短半个小时后就冲上了涨停板，看涨信号极为强烈，短线投资者需要迅速跟进，否则就只能等待后市开板再交易。

不过好在此次涨停后股价并未回调整理，而是继续震荡拉升，短线投资者这时再跟进也不迟，只是成本稍高。

然而，回到 K 线图中，投资者会发现数日之后股价又在 12.00 元价位线上受阻滞涨，横盘一段时间后还有转势下跌的迹象。而且成交量也有小幅缩减，整体走势比较危险。

在分时图中，股价线也出现了筑顶反转的信号。

图 5-8 为幸福蓝海 2023 年 5 月 8 日到 12 日的分时图。

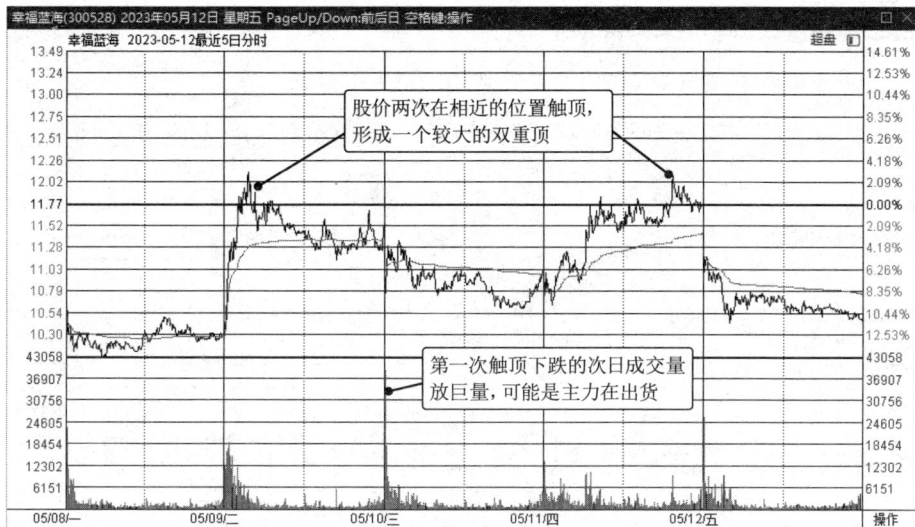

图 5-8　幸福蓝海 2023 年 5 月 8 日到 12 日的分时图

图 5-8 为高位连续五个交易日的联合分时走势，投资者不难发现价格曾两次在 12.00 元价位线附近受阻下跌，进而形成一个较大的双重顶筑顶形态。

仔细观察每一个交易日的分时走势，也可以看出一些不同寻常之处。比如 5 月 9 日开盘后的巨量暴涨，最终形成头肩顶拐头下跌；又比如 5 月 10 日开盘后成交量的异常放大和股价的震荡下跌等。

这些都说明盘中可能有主力在刻意推高出货或是震仓，结合 4 月底股价的暴涨来看，这种可能性还不小。那么无论后市是深度回调还是下跌行情，短线投资者都需要尽快卖出观望。

回到 K 线图中观察后续走势可以发现，该股在此之后就持续收阴并跌破 30 日均线。MACD 指标形成高位死叉，布林指标中的布林中轨线也被跌破，进一步证实短期看跌的信号。

5.1.3　上涨高位注意控制风险

待到股价上涨到一定位置，主力彻底出货离场后，行情可能就会转入长期的下跌走势中。不过短线投资者没有必要准确分辨后市是回调还是下跌，只要短期有看跌趋势存在，投资者就可以提前卖出以保住收益。

接下来通过真实的案例进行深入学习。

实例分析 上涨高位买卖需谨慎

图 5-9 为幸福蓝海 2023 年 6 月到 10 月的 K 线图。

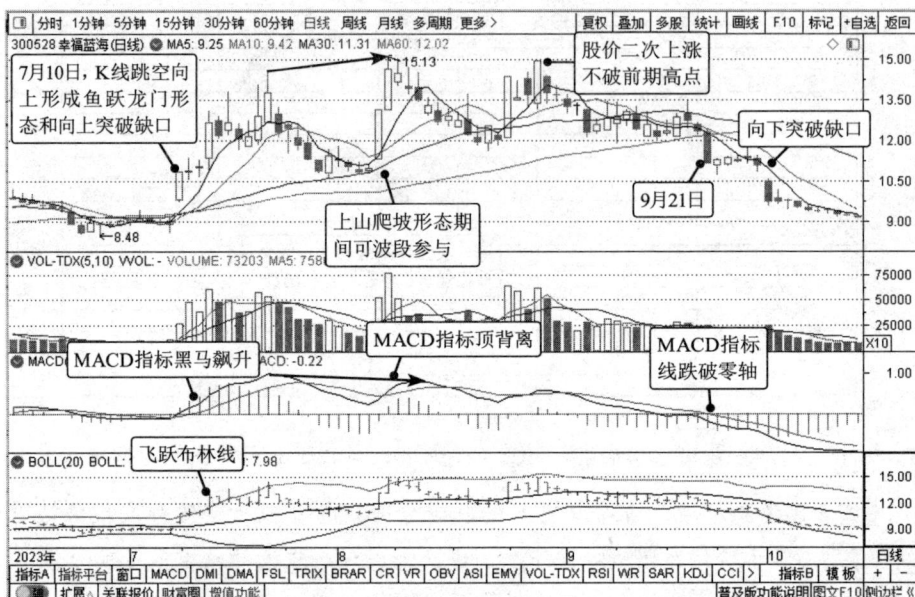

图 5-9 幸福蓝海 2023 年 6 月到 10 月的 K 线图

来看幸福蓝海在 2023 年下半年的走势变化。在 2023 年 6 月底，股价回调至 9.00 元价位线附近后横盘震荡了半个月左右，最终在 7 月 10 日收出一根实体极长的阳线实现突破，且与前日的 K 线之间形成较大的缺口。

这种形态是蛟龙出海的变种，被称作鱼跃龙门，具有更强的看涨意义。这一点从布林指标中 K 线快速突破布林中轨线，以及 MACD 指标中 DIF 突破 DEA 形成金叉后上行的走势中也可以看出，一直关注该股的短线投资者就可以进入分时走势中寻找合适的买点。

图 5-10 为幸福蓝海 2023 年 7 月 7 日到 11 日的分时图。

7 月 7 日是股价仍处于中长期均线下方震荡的一个交易日，从其与次日形成鱼跃龙门时的分时走势对比来看，主力参与的痕迹非常明显。

不过股价在 7 月 10 日是以极快的速度实现涨停的，这也导致大量处于观望中的投资者没能及时跟进。好在次日股价依旧维持着上涨，尽管涨速慢了许多，但整体依旧看涨，投资者买进还能进一步降低一些持股成本。

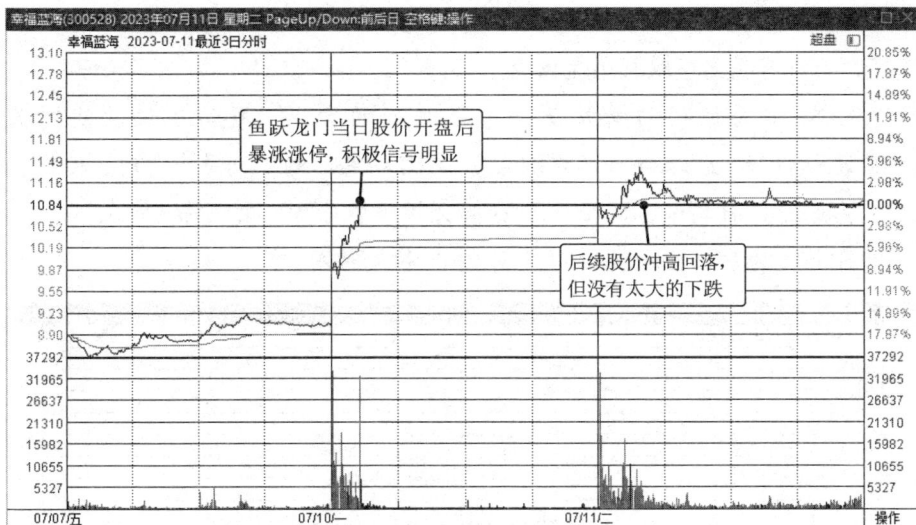

幸福蓝海(300528) 2023年07月11日 星期二 PageUp/Down:前后日 空格键:操作

幸福蓝海 2023-07-11 最近3日分时

鱼跃龙门当日股价开盘后
暴涨涨停，积极信号明显

后续股价冲高回落，
但没有太大的下跌

图 5-10 幸福蓝海 2023 年 7 月 7 日到 11 日的分时图

回到 K 线图中继续观察可以发现，该股在此之后也在积极拉升，使得 MACD 指标形成了黑马飙升形态，布林指标中也出现了飞跃布林线形态，说明市场短期看涨态度坚定，投资者可保持持有。

7 月下旬，股价的这波拉升进入尾声，价格在 13.50 元价位线处受阻后开始收阴回调。期间 MACD 指标逐步回转向下形成死叉，K 线也回到了布林通道内，短线投资者需要注意跟随卖出兑利。

8 月初，股价在 30 日均线上得到支撑后再次上冲，且涨速飞快，短短两日就从 11.00 元价位线附近上冲到最高 15.13 元，为及时跟进的短线投资者带来了丰厚的收益。

但投资者仔细观察下方的 MACD 指标就可以发现，在股价创出新高的同时，指标线并没有拉升向上突破前期高点，而是整体下移，与 K 线形成顶背离形态，警示投资者可能到来的反转。

正好股价也在 15.13 元的位置触顶后逐步下跌，无论后市是否会直接转入下跌行情，短线投资者以先兑利卖出为佳。

这一波下跌依旧在 30 日均线处止跌企稳，且又一次形成上涨趋势，K 线与中长期均线配合构筑出上山爬坡形态。这看似是一个积极看涨的信号，但由于股价在后续没能越过前期高点，MACD 指标高点下移的走势也依旧存在，短线投资者还是要抱有更强的警惕之心，在买进后随时关注价格走势，一旦有明显下跌就迅速抛盘。

显然，8月底的转折就是一个很明确的卖点，股价不仅没能突破15.00元价位线，还在数日后就跌破了30日均线。到了9月中旬时，K线已经十分接近60日均线，还在9月21日大幅收阴下行，彻底将其跌破。

图5-11为幸福蓝海2023年9月21日的分时图。

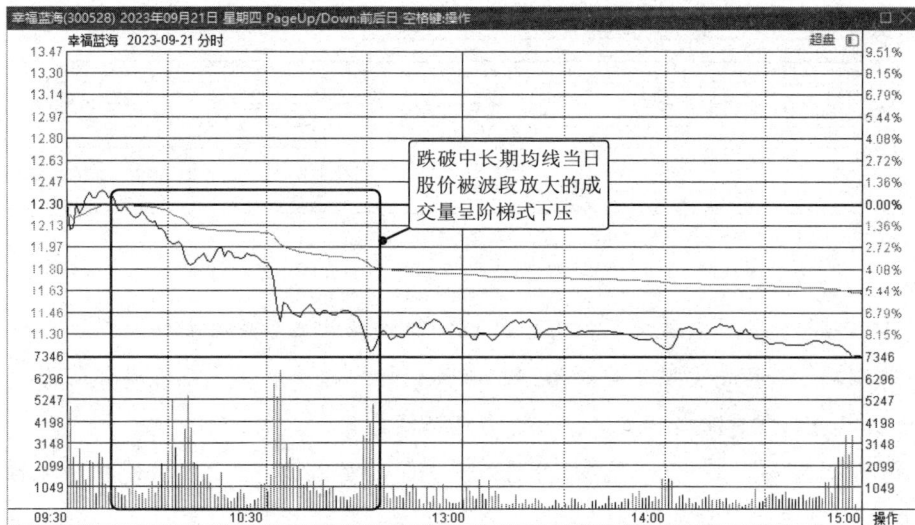

图5-11　幸福蓝海2023年9月21日的分时图

9月21日的特殊走势主要集中在早盘期间，成交量在这段时间内多次集中放量，导致股价呈现出阶梯式的跳水下跌，非常有规律。这大概率是主力在分批抛售，准备撤离。结合外部K线跌破60日均线和MACD指标线跌破零轴的走势来看，后市回归上涨的难度较大，投资者可彻底离开。

5.2　下跌行情波段买卖点

有些震荡幅度较大的下跌行情也有很大的短线参与价值，而且短线投资策略也正适合用来降低熊市操盘的风险。即便投资者原本是持中长线操作策略的，如果被套在熊市中，也可以通过切换投资策略来分批盈利，最终实现解套甚至盈利。

本节以爱旭股份（600732）的一段震荡熊市为例，解析其中存在的短线波段买卖点。

5.2.1　下跌初始注意反转

当下跌正式开启后，短线投资者需要先将手中持股全部卖出后，再根据股价运行情况决定是否参与后续的反弹，切忌一直持有等待反弹。至于被套的投资者，则要根据自身的风险承受能力决定是等待还是先行减仓一部分，最终目的是解套，不要过于追求盈利。

接下来通过真实的案例进行深入学习。

实例分析 **上涨高位的最后买点与止损卖点**

图 5-12 为爱旭股份 2022 年 10 月到 12 月的 K 线图。

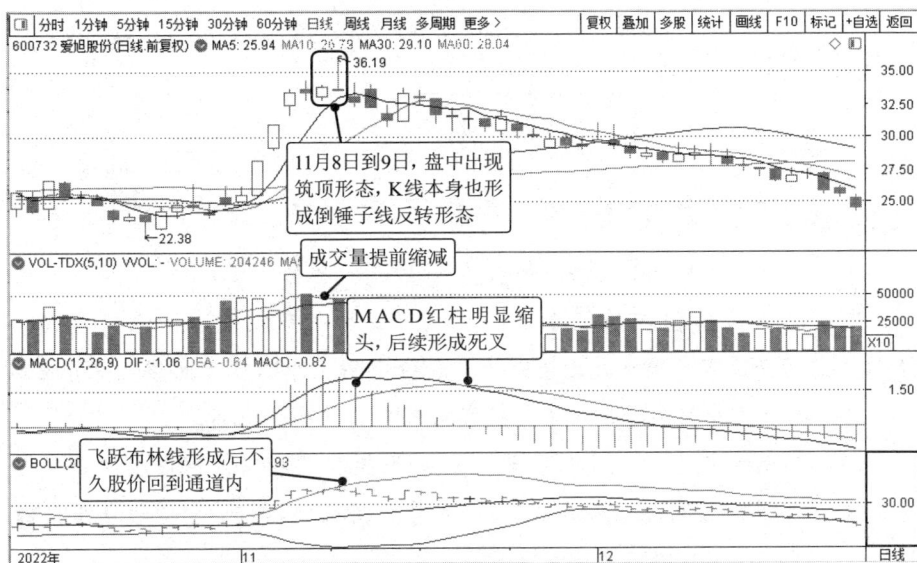

图 5-12　爱旭股份 2022 年 10 月到 12 月的 K 线图

在 2022 年 10 月之前，爱旭股份的股价已经经历了较长时间的上涨，10 月的横盘是回调导致的。因此，场内还存在大量等待下一波上涨的看涨盘，有些就是短线投资者。

11 月初，该股大幅收阳向上后成功突破中长期均线，并在后续形成连续的向上缺口，市场追涨情绪再度高涨起来。不过在价格接近 35.00 元价位线时，该股开始横盘滞涨，并在 11 月 9 日收出了一根带长上影线的小阴线。

这是一种被称作倒锤子线的反转形态，出现在这样的滞涨位，很有可能是回调再度形成的预兆。而且下方成交量已经有明显缩减，MACD 红柱逐步缩头，K 线也结束飞跃布林线形态回到布林通道内。各大指标都传递出下跌信号，短线投资者还是要进入分时走势中寻找卖点。

图 5-13 为爱旭股份 2022 年 11 月 8 日到 9 日的分时图。

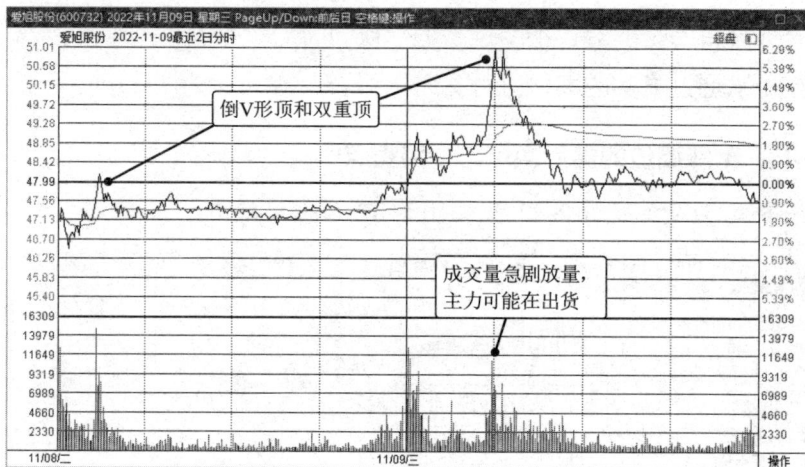

图 5-13　爱旭股份 2022 年 11 月 8 日到 9 日的分时图

11 月 8 日股价仍在高位滞涨，盘中形成了一个比较小的倒 V 形顶。11 月 9 日的股价震荡幅度就比较大了，股价线明显冲高回落且形成一个双重顶形态，确定了外部的看跌信号，短线投资者需要尽快撤离。

回到 K 线图中也可以看到，该股此后很快拐头向下，形成了持续稳定的下跌。MACD 指标形成死叉后跟随下滑，在布林指标中，K 线也缓慢跌到布林下通道内，呈现出长期看跌状态，短线投资者不宜再参与。

下面来看后续股价形成的一次快速反弹。

图 5-14 为爱旭股份 2022 年 12 月到 2023 年 3 月的 K 线图。

2022 年 12 月底，股价跌到 24.00 元价位线附近后止跌反弹，短期涨速还比较快，因此，也吸引了不少短线投资者。这一波上涨遇到中长期均线的阻碍后小幅回调，不过在 25.00 元价位线上得到支撑后收出一根极长的阳线上冲，形成一个抢反弹时机，下面来看分时走势。

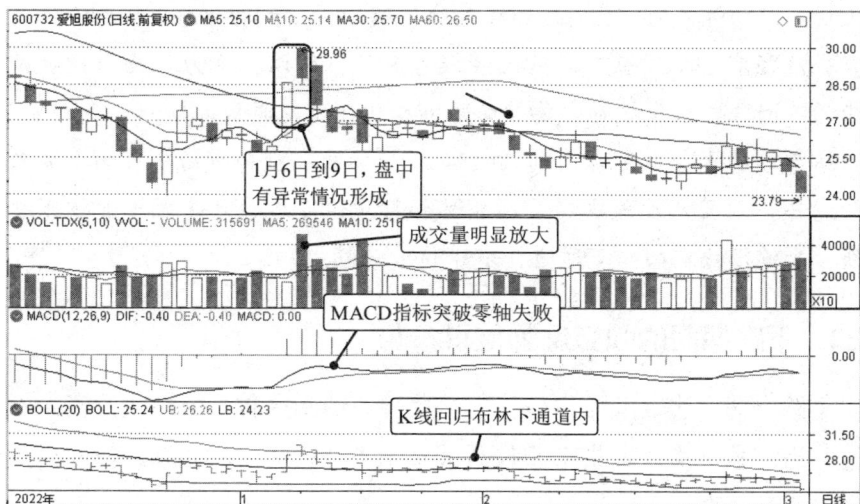

图 5-14　爱旭股份 2022 年 12 月到 2023 年 3 月的 K 线图

图 5-15 为爱旭股份 2023 年 1 月 6 日到 9 日的分时图。

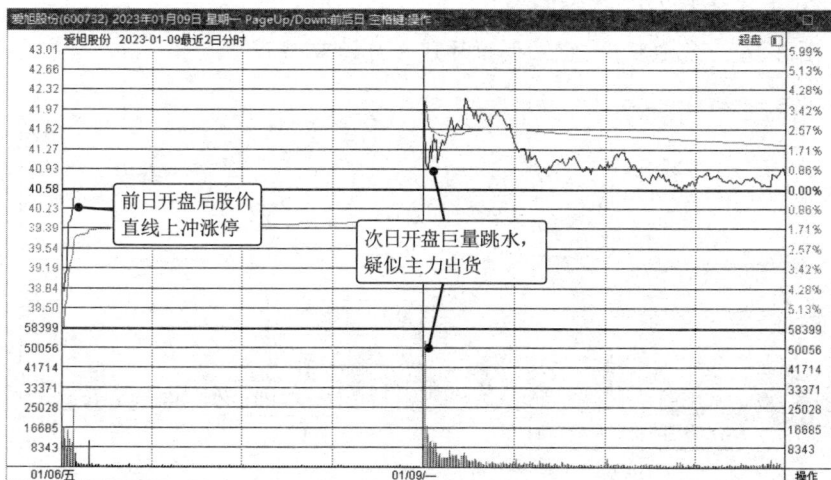

图 5-15　爱旭股份 2023 年 1 月 6 日到 9 日的分时图

　　1 月 6 日正是股价收出长阳线突破中长期均线的交易日，从图 5-15 中可以看到，该股在开盘后就出现了直线冲板的走势，涨停时间极短，传递出十分明显的看涨信号。但在次日开盘后投资者参与的热情就会降低不少，因为成交量放出一根巨量量柱，导致股价跳水下跌，最终收出长阴线。

这种前日涨停次日跳水的走势是典型的主力诱高出货的手段，尽管股价此次反弹时间并不长，但从 24.00 元价位线附近冲到接近 30.00 元价位线的位置，涨幅有 25%，短期收益已经很可观了，所以，主力就此出货也是有可能的。因此，短线投资者要趁机跟随卖出，不能再被套场内。

从后续的走势也可以看到，MACD 指标线在空头市场中有向上突破零轴的意图，但显然没能成功。在布林指标中，K 线也只是短暂突破布林中轨线，后续很快就回归下通道，看跌信号延续。

5.2.2　下跌期间的强势反弹值得参与

下跌行情中也会酝酿出一些强势反弹，遇到这种走势短线投资者不能错过，有时候一次反弹带来的收益甚至比上涨行情中的还高，但前提是注意及时止盈止损，不能长久惜售。

接下来通过真实的案例进行深入学习。

实例分析　抢反弹时的买卖信号

图 5-16 为爱旭股份 2023 年 4 月到 8 月的 K 线图。

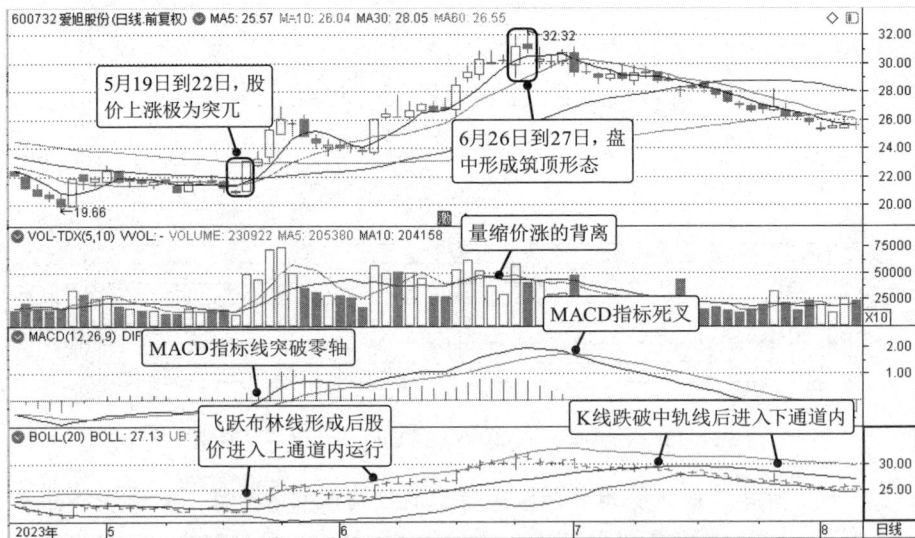

图 5-16　爱旭股份 2023 年 4 月到 8 月的 K 线图

从图 5-16 中可以看到，该股在 2023 年 4 月底时跌至 20.00 元价位线上方，并在得到支撑后出现反弹迹象，股价收阳向上试探 30 日均线，且在后续的回落中低点上移，说明一波强势反弹可能即将出现。

5 月 22 日，K 线再度收出一根长阳线彻底突破 30 日均线，下面来看其分时走势，如图 5-17 所示。

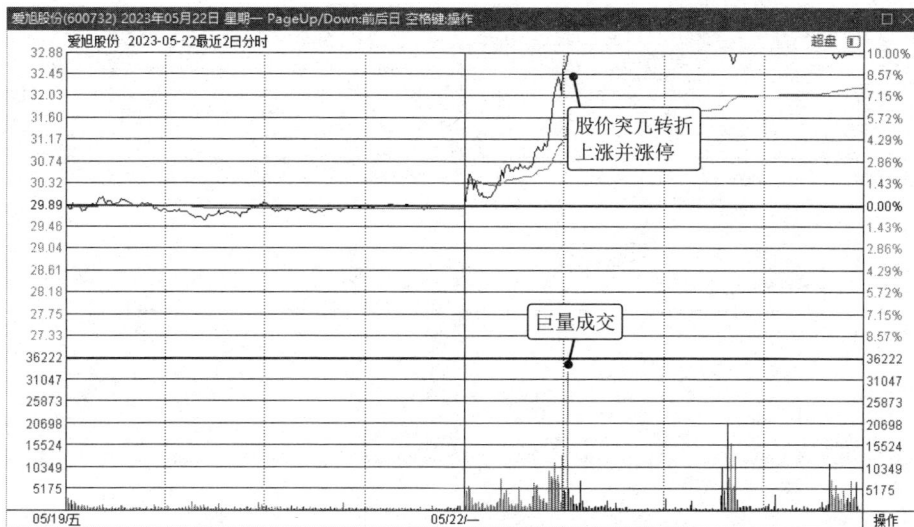

图 5-17　爱旭股份 2023 年 5 月 19 日到 22 日的分时图

图 5-17 为股价突破当日和前一日的分时股价线走势对比，从分时图中可以很清晰地看出转折的突兀和成交量的大幅放量。在股价接近涨停时，投资者已经可以从 K 线图中观察到阳线突破 30 日均线的状态了，那么反应快的投资者就有机会在当日跟进。

回到 K 线图中，该股此次拉升确实速度飞快，第一波上涨从 21.00 元价位线附近冲到 26.00 元价位线之上，同时带动 MACD 指标线突破零轴，K 线也运行到布林上通道内，积极信号明显，投资者甚至可以尝试加仓。

在后续的走势中，股价波段上涨，一路攀升至 30.00 元价位线附近。期间均线组合形成的支撑十分强劲，MACD 指标和布林指标都配合上扬，但成交量的高点却逐渐下移，呈现出量缩价涨的背离，时刻提醒投资者这大概率只是一次强势反弹，股价随时有可能回归下跌。因此，短线投资者要注意分段卖出，不可持有太长时间。

在上涨到 30.00 元价位线上后，股价开始横盘滞涨，还在 6 月 27 日创出新高。但投资者只要进入这几日的分时走势中观察就可以发现，一些筑顶形态已经悄然出现。

图 5-18 为爱旭股份 2023 年 6 月 26 日到 27 日的分时图。

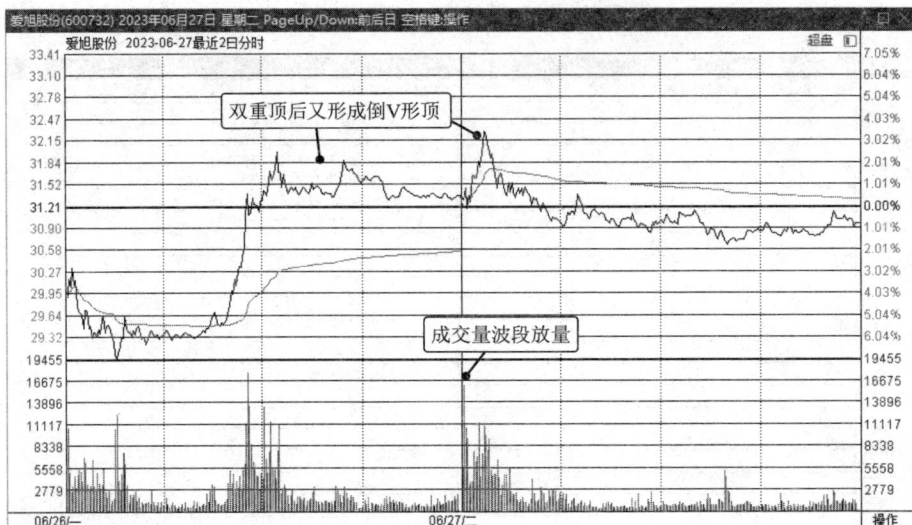

图 5-18　爱旭股份 2023 年 6 月 26 日到 27 日的分时图

6 月 26 日和 27 日股价都在上涨，但盘中却分别构筑出了一个双重顶和一个倒 V 形顶，且成交量放量压价的形态也存在。结合外部走势来看，这可能就是一个下跌的契机，谨慎型短线投资者可先卖出。

回到 K 线图中，股价后续又维持了数日的横盘，但还是无力上涨，最终放量下跌，导致 MACD 指标形成死叉，K 线也逐步靠近布林中轨线并跌破，宣告下跌行情的回归，那么此时还未撤离的短线投资者就要抓紧时间了。

经过大量的理论和实战案例学习后，相信投资者已经对短线投资策略有了充分的了解，同时也掌握了不少短线操盘方法。但需要注意的是，实战中影响股价变动的因素很多，很多时候不能单纯、死板地依靠这些理论买卖股票，而是要综合多方信息进行分析，同时谨慎行事，才能更好地实现盈利。